大夏书系·教师专业发展

新教师的六堂必修课

姜野军 程检红 等 著

华东师范大学出版社
ECNUP
全国百佳图书出版单位

本书作者

姜野军　程检红　张凌云
丁再玲　傅琼和　石玉平
阳志长　袁灿英　唐文芬

目　录

第三章 / 做好班主任工作

第四章 做自己情绪的主人

第五章 走在专业发展的道路上

序

青年教师专业发展的方向与路径

“建国君民，教学为先。”教师天然地与伟大的事业融为一体。

在株洲市四中工作时，我有感而发，为学校“春之声”音乐会写过一首歌词：

有一项事业
光耀千秋万代
有一份激情
点燃桃李花开
有一门艺术
美在三尺讲台
有一个理想
托举天地人才
啊，人民教师，风流千载
教书育人，奉献最爱
天上人间，飞虹流彩

啊，人民教师，心潮澎湃

成就现在，拥抱未来

捧出花山，汇成花海

何谓风流？不忘教师初心，不负教育使命。

何以风流？既在音容行止，更在气质神韵。

何为风流？修德铸魂，精进学术；教书育人，启发民智。

教师专业发展从来不是狭隘于学科教学技能的提升，而是涉及专业能力的进步与专业精神的修炼等广泛领域。对青年教师而言，在学科专业素质之外，作为教育者的眼光、胸襟、情感、兴趣、师德修养与精神世界等更值得重视。在教育急剧变革的新形势下，不迷失方向，不偏离正轨，立足岗位实践，丰富职业生活，青年教师专业发展与教育事业发展方可实现同频共振。

一、方向比努力更重要

“国将兴，必尊师而重傅。”在实现中华民族伟大复兴的中国梦的征途上，教育承载的期望之殷、责任之重前所未有。至2035年，“培养造就数以百万计的骨干教师、数以十万计的卓越教师、数以万计的教育家型教师”[①]，这个新时代教师队伍建设目标，高度契合于教师专业发展需求。但应该认识到，目标并不必然给予我们前行的正确方向，所谓“缘木求鱼”或者“南辕北辙”，道理就在于此。因此，把握专业发展方向，对青年教师具有方法论的意义。

一是高看一层。教师专业发展不能离开教育教学实践，备课、上课、

---

① 2018年1月31日，新华社发布《中共中央国务院关于全面深化新时代教师队伍建设改革的意见》。

练习、辅导、考试、评价，是教师工作的常态。年复一年，日复一日，如果不能从貌似简单中体会不简单，从平凡的职业生活中理解不平凡，形式的重复、事务的琐碎、内容的单调等，就会消解教师专业发展的热情与意志。“不畏浮云遮望眼，只缘身在最高层。”当把教育置于时代大潮、师生系于家国天下的时候，我们正在做的事情就会变得生动而丰富，充盈着诗意与美好。正如鲁迅先生所言：“无穷的远方，无数的人们，都和我有关。我存在着，我在生活，我将生活下去，我开始觉得自己更切实了。”① 胸怀教育的使命感，带来的一定是教师职业的崇高感。

二是肯用实力。教师专业发展是一个持续的过程。在几十年的教师职业生涯中，我们不缺乏问题或想法，如：与教师这个职业投缘吗？对学生有仔细的观察与深入的研究吗？教学基本功扎实吗？对课程标准与学科知识体系的理解透彻吗？然而，只有在不断的行动中，这些追问才有意义。“自讼其非，迁善改过。”1842 年（道光二十二年）冬，晚清理学名臣曾国藩订下日课十二条：“主敬；静坐；早起；读书不二；读史；谨言；养气；保身；日知其所无；月无忘其所能；作字；夜不出门。”② 除“主敬、谨言、养气”不好验证外，其他如“早起、读书、读史、作字”等，他是终生坚持的。实心以求，持之以恒，把听、说、读、写、观、思、记、行等具体活动，融汇于教师专业发展的整个过程，从而建立自己的专业优势，或许就是曾国藩的修身日课给我们的启示。

三是匠心致远。放眼当下，一些牛气哄哄的教育明星如“华威先生”般忙碌，扯大旗作虎皮，吹嘘炫耀，指指点点，此处“灌鸡汤”，彼处炒概念，飞来飞去，走穴不停，充斥着一股沽名逐利、虚骄浮躁之气。“试玉要烧三日满，辨材须待七年期。”教师专业发展不是一蹴而就的，我们应摒弃“追星”之念，欲成教育家，先做教书匠。以从容的态度做教育，心存敬

① 鲁迅：《鲁迅全集》（第六卷），人民文学出版社，2005 年版，第 624 页。

② 唐浩明：《曾国藩日记》（一），岳麓书社，2015 年版，第 137 页。

畏，持中守一，像手艺人一样沉浸于自己的学科与课堂，恬静淡泊，不慌不忙，慢慢地体会，慢慢地积累，把教学这门技术变成艺术。以研究的精神做教育，学生每天都有发展，知识更新越来越快，教学的手段与技术总在进步，这都要求教师不断探寻诸多变化中的原因与规律，创新教法与学法，做创造型的教师。匠心所用，在于以“技”强体，以“心”养“技”，不辞其小而成其大，一生做好一件事，是所谓“教书匠”的根本之义。

四是回归朴素。最近一些年，教育新理念不断提出，教育新技术不断涌现，很有“你方唱罢我登场”之势。众声喧哗中，守住专业发展的根本至为重要，因为我们很难设想：有“翻转课堂”而“传统课堂”就得放弃，有“慕课”而面批面授就是教学效率不高，有“百度”而脑力就不必多费，有多媒体展示而手写板书就意味着落后……与之相反，课堂教学的结构流程，引导、帮助学生的办法与技巧，体现教师学识水平与人格魅力的深厚学养，甚至似乎久违了的师范技能“三字一话”等，不仅要道理上明白，更要行动上落实。我们相信，课堂、师生关系、学科教学素养、师范基本技能等，其中有教育工作的规矩，更有决定教师专业发展质量的规律。因此，守规矩，尊规律，我们要做的事就变得单纯了。

二、行动比言语更重要

马克思说：“一步实际行动比一打纲领更重要。”[①] 学校教育教学活动当然会促进教师专业发展，但是否主动选择适合自己的专业发展路径，教师专业发展的成效是有差别的。主动选择并能有效地实施专业发展行动，更能反映教师的眼界、自我判断与决断能力。明末清初哲学家王夫之有“有其始之，则已之也难”之说，意为凡事开了头，要想半途而废就很难了。

① 卡尔·马克思：《马克思恩格斯选集》（第三卷），人民出版社，2012 年版，第 355 页。

青年教师正处在专业发展的关键时期，尤其需要为自己整个教师职业生涯开好头、起好步，尽早尽快进入促进教师专业发展的轨道。

其一，立足课堂教学。

“师者，所以传道授业解惑也。”与其他职业不同，教师这个职业以传承知识、赓续文明、立德树人为职志。因为其内容的系统性、结构的完整性和过程的程序性，课堂教学成为教师提升履职能力的基本途径。在这里，要把握“正确、趣味、有效”三个关键词。

关于“正确”，是就课堂教学内容而说的。教师授课，强调学科的基本知识、基本技能、基本方法和基本价值，“四基”要求的是真、实、善、美，而做到这四个字，需要下很大的功夫研究课程标准、学科教材和学生学情。

关于“趣味”，是就课堂教学方法而说的。孔子曰:“知之者不如好之者，好之者不如乐之者。”富有乐趣地教学，激发学生学习的兴趣，丰富学生的情趣，需要教师的教学机智，而对教学方法灵活恰当地运用，就是一种教学机智。

关于“有效”，是就课堂教学目标与任务而说的。不能否认教与学负担重、教学效益低的现实，而从改进课堂教学考虑，把妥善处理课堂教学的重要关系，诸如多与少、难与易、教法与学法、当前任务与长远目标等，纳入课堂教学设计调整范畴，则可实现减负提质，达到事半功倍的效果。

其二，多读教育经典。

经者，恒常也；典者，法则也。千百年来，从孔夫子到陶行知，从亚里士多德到苏霍姆林斯基，古今中外的教育大师凝聚人生智慧，阐述教育真理，留下了卷帙浩繁的教育经典。与他们所处的时代相比，教育已然发生显著改变，但那些真正的教育家的立场、观点和方法，依然给我们以智慧的启迪。

读《论语》，孔夫子温和宽厚、循循善诱的形象宛在目前。他创办私学，因材施教，有教无类；他言传身教，不愤不启，不悱不发；他重义轻利，不谈成败得失，只论善恶真假；他自然率真，讲学论道，学生如坐春风。从《论语》15000多字里，我们看到，教育学生除传授知识之外，还有更重要的精神成长！

读陶行知，感受先生致力于现代教育学中国化的不懈努力。他"捧着一颗心来，不带半根草去"，办平民教育，办晓庄师范，办乡村幼稚园，办育才学校，筚路蓝缕，呕心沥血。实践出真知。"生活即教育，社会即学校，教学做合一"，他的生活教育观点闪烁着理性的光辉，照耀我们前行的道路！

读苏霍姆林斯基，学习教育家一生从教的执着与坚韧。他"把整个心灵献给孩子"，建设"快乐学校"，帮助学生全面、和谐地发展。他的许多名言和术语，如"让孩子抬起头来走路""用多把尺子衡量学生""让学校的墙壁也说话""实施和谐教育"等，常常引起我们的共鸣。

教师是一个需要丰厚素养储备的职业。站在历代教育大师宽厚的肩膀上，开阔教育视野，锤炼教育眼光，坚定教育意志，丰富教育思想，教育经典让教师这个职业充盈智慧。

其三，尝试教育研究。

把教育研究融入教育教学工作，有利于提升教师的职业生活质量。苏霍姆林斯基说："创造性研究的意义，不仅在于教师发现并研究了教育过程中到目前为止尚未被人注意的某个方面，而且在于这种研究能从根本上改变教师对自己劳动的看法。创造性研究能使教师不再把教育工作看作是同一些事情的单调乏味的重复，看作每天在各个年级里千篇一律地讲课和复习巩固等等，而是看作永远常新的、独一无二的创造活动。"[①] 教育对象的人的复杂性和教育实施的创造性，让教师的工作自然而然地具有研究的因素。

---

① 苏霍姆林斯基：《给教师的建议》，教育科学出版社，1984年版，第497页。

因而，教育研究对教师来说，并非神秘莫测或高不可攀的东西，即如平时的分析教情学情，总结成功经验，探寻教育规律，改进教学方法等，本质上就是教育研究。

教师专业发展成就与其教龄并不必然成正比。青年教师积极、主动地参与教育研究，能更快地促进专业发展，从而成为教育教学能手。

首先，集体教研激发青年教师专业发展热情。“问题导向、任务驱动、主题明确、讨论集中”，是集体教研的基本特点。分析现象原因，探讨行动办法，同行切磋，汇集众智，青年教师不是旁观者，而是当事人，因为他们既是教研的客体，又是教研的主体。

其次，公开课磨砺青年教师的教学本领。作为教研活动的重要形式，公开课于青年教师的意义不仅在于展示，更在于课前的“磨”与课后的“思”。磨课聚焦于借鉴与试错，反思聚焦于经验与教训，推动教学之“技”与“道”共同进步。

再次，校本课程开发与实施激励青年教师探索创新。校本课程凸显教师的专业自主地位，青年教师以研究者的姿态参与开发与实施过程，观察、比较、反思、改进，重建教师、学生与课程的关系，重组教与学的方式，在不断调整变革中形成自己的教学风格。

最后，小微课题研究引导青年教师系列化教研方向。问题、专题、课题，教育研究聚沙成塔、集腋成裘。青年教师从小微课题研究入手，源于具体问题，寻求解决方案，成于实践改进，提炼思想认识，把教育经历转化为教育经验，进而把感性经验转化为理性认知，实现教师专业发展质的飞跃。

其四，勤于教育写作。

法籍罗马尼亚哲学家兼文学家埃米尔·米歇尔·齐奥朗说：“假如没有写作本领，我不知道我会成为什么。写作便是释放自己的懊悔和积怨，倾听自己的秘密。”教育写作的意义，在于教师在写作实践中发现并塑造自己，使人的主体意识更清晰、更丰富、更深刻，从而改变与现实生活的联系。

简而言之，教育写作是教师专业发展的具体行动，贯穿于教师职业生活的全过程；它也是教师专业发展的显性成果，体现为与教育教学相关的形式多样的文字作品。就教师教育写作实践而言，可将其分为三类：一是应用性教育写作，成果形式有教案与学案、工作计划与总结、教育新闻、教育公文等；二是研究性教育写作，成果形式有教育论文、教育评论、教学反思、教育随笔、教育叙事、教育日志等；三是文艺性教育写作，包括以教育为题材的诗歌、散文、小说、戏剧等文艺作品。

事实上，尽管教育写作与教师职业生涯始终相伴，但这并不是要求教师尝试教育写作的全部类型。相反，作为教师专业发展路径之一，我们更加强调态度与方法，这是教育写作质量与水平的决定因素。

端正教育写作态度。行动之中显态度，动笔之前躬行实践，研究政策透彻，学习理论深入，把握事实准确，这就是重视；细节之中见态度，笔下千钧重，要叙事先考证，列数据要核实，析案例须典型，这就是求是；行文过程有态度，讲究逻辑，持论平正，不虚应故事，不故作深沉，不作妄语，不“煮鸡汤”，这就是严谨。

用好教育写作方法。要规范地写，应用性教育写作把握格式要求，研究性教育写作突出文体特征，文艺性教育写作重视细节塑造形象，论说须有论点、论据、论证，文章须有起、承、转、合，语言须有个性风格；要充实地写，实践经验、体验思考、师生生活、学校文化、历史传承等，大凡学校里的人事景物、见闻感受皆是素材，文章言之有物才有动人心弦的持久力量；要有创见地写，不畏人言，不惮前驱，不人云亦云，在人所不疑处存疑，在习以为常处创新，有见地，有精神，有主张，有事实，“惟陈言之务去”，见诸文字自然魅力勃发。

教育是常做常新的事业，青年教师是教育的未来！

站得高才会看得远。对于青年教师的整个职业生涯来说，尽管以后要走的路还很长，会遇到不少这样或那样的困难，但坚定的职业发展方向一定会让青年教师坚于所守，有效的专业素养锻炼也一定会让青年教师底气十足。

“桐花万里丹山路，雏凤清于老凤声。”

中华复兴潮起云涌，教育发展正当其时。

一年又一年，9月开学时，数以十万计的新教师将走进遍布城乡的中小学校和幼儿园，走上那方神圣的讲台。

“知足以为源泉，行足以为表仪；问焉则应，求焉则得；入人之家足以重人之家，入人之国足以重人之国者，谓之师。”地位如此之高，背负如此之重，期待如此之切！

只是，面对学生那一双双纯真的、渴望的眼睛，我们的新教师，是否准备好了？

愿这本小册子，对新教师的专业发展能有所助益。

是为序。

姜野军
2019年3月20日
于株洲市教师培训中心

第一章

走上教师岗位

老师们，走上教师岗位的你，一定要记住，教室里的每一个孩子，都是一个家庭的整个世界。教育者要永远保持一颗充满爱与责任的心。

2018年1月20日，中共中央、国务院发布了《关于全面深化新时代教师队伍建设改革的意见》，明确指出：广大教师要以德立身、以德立学、以德施教、以德育德，坚持教书与育人相统一、言传与身教相统一、潜心问道与关注社会相统一、学术自由与学术规范相统一，争做“四有”好教师。

第一节　教师职业认知

“广大教师要做学生锤炼品格的引路人，做学生学习知识的引路人，做学生创新思维的引路人，做学生奉献祖国的引路人。”这是2016年9月9日，在我国第32个教师节到来之际，习近平总书记到北京市八一学校看望师生时说的一段话。教师是立教之本、兴教之源，全面深化新时代教师队伍建设改革，必须把提高教师思想政治素质和职业道德水平摆在首要位置，把社会主义核心价值观贯穿于教书育人全过程，突出全员全方位全过程师德养成，推动教师成为先进思想文化的传播者、共产党执政的坚定支持者和学生健康成长的指导者。

一、教师定义与职业特点

教师，古今中外的人们对它有着不同的理解和定义。汉代扬雄说：“师者，人之模范也。”① 英国哲学家弗兰西斯·培根称教师是知识种子的传播者，是文明之树的培育者，是人类灵魂的设计者。苏联教育家加里宁认为教师是人类灵魂的工程师。捷克教育家夸美纽斯说：“教师应该是道德卓异的优秀人物。”

《中华人民共和国教师法》第一章第三条规定：“教师是履行教育教学职

① 扬雄：《法言》，中华书局，2012年版，第10页。

责的专业人员，承担教书育人，培养社会主义事业建设者和接班人、提高民族素质的使命。”广义上，教师泛指传授知识、经验的人；狭义上指受过专门教育和训练，并在学校中担任教育、教学工作的人。

教师是从事复杂劳动的个体脑力劳动者，其从事的劳动与其他任何物质生产的劳动有着明显区别。因此，教师的职业具有以下特点。

◎ 教师劳动的示范性

“师者，所以传道授业解惑也。”这明确指出教师的职责，即传授为人之道和知识，具体来说，就是教书育人。教师活动的这一本质特点，决定了教师的劳动必然带有强烈的示范性。

教师的示范性特征在中小学阶段尤为明显。教学中，为增强学习的直观性和规范性，教师会先做示范。特别是在例题讲解、实物演示、实验操作以及音、体、美的教学中，教师的示范作用显得更加重要。其中，小学生对事物缺乏深刻的理解，又无一定的分析能力，他们的心灵就如一张白纸，“染于苍则苍，染于黄则黄”①，可塑性很强。这个时期，教师会成为学生模仿的中心人物。在天真的孩子眼里，教师具有某种权威性，甚至认为“教师说的都是对的”，教师的威信远胜于父母。

教育者影响受教育者的不仅是所教的某些知识，还有他的行为、生活方式以及对日常现象的态度。教师是学生学习、生活的最直接的模范和榜样。教师的示范是引导和促进学生成长不可缺少的手段，善于利用教师的示范性，善于做学生的好榜样，就要时时、事事严格要求自己。教师想把学生塑造成什么人，自己就先成为这种人。

◎ 教师劳动的创造性

教师的工作对象是充满生命力、千差万别且发展变化着的青少年，教师关注的是人的成长，是体力和脑力的发展，传授的是不断发展变化的人文、

---

① 顾树森:《中国古代教育家语录类编》(上册)，上海教育出版社，1961年版，第102页。

科学知识。现代教师必须终身学习，更新知识结构，潜心钻研业务，勇于探索创新，不断提高专业素养和教育教学水平。因此，教师职业的创造性，表现在因材施教上，也表现在对教育教学原则、教育教学方法以及教育教学内容的选择、处理和运用上，还表现在教育机智上，即一种对突发性教育情境作出迅速、恰当处理的随机应变的能力等。

可以说，教育既是一门科学，又是一门艺术。教师的劳动是复杂而具有创造性的，需要教师运用知识和智慧，满怀对教育的执着与爱，机敏、灵活、创造性地运用各种方法。随着现代科学技术的发展和网络教育时代的到来，有人认为教师的职业将被电脑取代，这是一种片面的认识。这是因为教师对学生的言传身教、情感激励、品德影响等，是任何冰冷的机器都代替不了的。

◎ 教师劳动的长期性

人才成长周期性较长的规律，决定教师的劳动是个长期的过程：一是劳动时间长，二是劳动成果具有长效性。学生取得的成果要经过一段时间的沉淀和积累才能显现出来。可见，教师的劳动是一个连续、长期的过程，需要教师有长远的战略眼光。

杨振宁在西南联大读研究生时，他的导师是王竹溪先生。一天，王先生要他写一篇论文《固体中有序与无序的问题》，并要他参看一本书。杨振宁看不懂，便去向王先生请教。王先生却一个字也不讲，又要他看第二本书。杨振宁第二本也看不懂，又去向王先生请教，可王先生还是不讲，又推荐第三本书给他看，并要求他看完第三本书后，再回过头来看第二本和第一本，并说出对第一本书的见解。杨振宁反复读了第三本书后，再读第二本和第一本，果然写出了优秀的论文。①

王竹溪的教育智慧体现在他的教学观念中，体现在他基于对杨振宁的了

---

① 程红兵:《善待学生》,《未来教育家》, 2018 年第 5 期, 第 71–72 页。

解、给予的充分信任上。只推荐、不讲解的读书方法，费时虽长，但最终让杨振宁不仅读懂了相关专著，而且培养了独立学习、独立思考的能力。

春秋时期的管子说过："一年之计，莫如树谷；十年之计，莫如树木；终身之计，莫如树人。"教师的劳动成果不是一朝一夕就能看出来的，教师不能有立竿见影、一蹴而就的想法，因为每个学生的成长有阶段性和长期性。教师是创造明天的人，教育是一种慢的艺术，需要平和与细致，更需要耐心和耐性。

二、教师职业的社会作用

教师职业是人类社会发展中不可缺少的。现代文明社会的产生与历史上教师的劳动密切相关，当今社会的文明与进步更加依赖教师作用的充分发挥。总体来看，教师职业在社会发展中起着三方面的作用。

◎ 教师是人类文化科学的传播者，起桥梁与纽带的作用

从社会发展的纵向来看，现今的人类文明由文化科学的世代继承而来，没有对前人文化遗产的继承，就不可能有社会的巨大发展与进步。教师把人类长期积累起来的文化科学知识经过整理传授给下一代，对社会的延续与发展发挥着极其重要的作用。再从社会文化交流的横向看，教师通过对文化科学知识的传播，使世界各民族的先进文化科学成果得以相互吸收，促进了社会的文明和进步，起着桥梁与纽带的作用。社会越向前发展，科学技术越进步，知识积累越多，无论是文化科学知识的世代传递，还是民族之间的文化交流，都需要教师发挥更大的作用。

◎ 教师是人类灵魂的工程师，起主导与示范的作用

社会的文明进步不仅需要文化科学，同时需要人们有正确的政治方向、良好的思想品德，形成高尚的社会道德风貌，建立和谐的人际关系。教师在对新一代人教授知识、发展智能的同时，还在培养其思想品德，把人类社会

发展中形成的道德观念、行为准则传播给青年一代，并在实践中教育学生养成良好的行为习惯。学生良好思想品德的形成有赖于多方面的因素，教师是多因素之中的主导者，对学生特别是可塑性较大的基础教育阶段的学生，具有极大的影响。中小学阶段不仅要为学生智力、体力发展打好基础，更要在思想品德方面为学生打好做人的基础，使学生终生沿着正确的方向发展成才。

作家魏巍在《我的老师》中写道："一个孩子对老师的纯真依恋，就是那些在热恋中的人们也无法比拟啊！"老师，神圣的称呼，让学生神往，"长大后我就成了你"。

"一辈子做教师，一辈子学做教师"的于漪老师说："我这一辈子，之所以选择做教师，离不开老师的言传身教；之所以有这样的感悟，离不开老师教给我的为人之道。"

◎ 教师是人的潜能的发掘者，起发现与培养的作用

教师是学生群体的潜能开发者，使每个学生固有的发展可能性转化为现实。但是，个体的潜能在发展方向与发展水平上可能有着很大差异，这种潜能上的差异要求教师及时认识、创造条件，施以正确的教育。从这一角度讲，教师早期发现学生潜能中的优势，并做到因材施教，及时给予引导和培养，便是对具有不同个性特点和智能优势领域的学生进行了及时的智力开发。

1931 年，清华大学算学系主任熊庆来教授在《科学》杂志上读到一篇专门讨论"五次方程的不可解"问题的论文，题目为《苏家驹之代数的五次方程式解法不能成立的理由》。

巴黎大学理学博士出身的熊庆来被这篇论文吸引，便问周围同事："这个华罗庚是哪国留学生？"无人回答。再问："这人是在哪个大学教书？"还是无人回答。过了一会儿，一位江苏籍教师忽然想起他弟弟有个同学叫华罗庚，拿过杂志一看，果然是"华罗庚"三个字，便说："这个华罗庚哪里是

在什么大学教书！他只读过初中，听说在金坛中学当事务员。”当时，年方20岁的华罗庚在一所中学当会计，仅初中学历。但这位数学青年的低学历，没有抵挡住熊教授的爱才之心。他当即决定聘请华罗庚前往清华大学算学系担任资料员，月薪40元，希望能为华罗庚的数学兴趣提供优越的发展平台。入清华大学后第二年，华罗庚升为助教；第四年升为教员，给一年级学生上微积分课。1936年，华罗庚得到中华文学教育基金会乙种资助金1200美金，赴英国剑桥留学深造一年。①

显然，若无熊庆来先生的鼎力相助，破格提携，想必华罗庚的人生轨迹不可能有如此大的改变。可以说，没有熊庆来，就不可能有后来的华罗庚。因此，无论是对学生群体还是对学生个体来说，教师对人的潜能的认识和早期开发，都对整个社会智力开发具有重大意义。

总之，随着现代社会的文明进步，文化科学、思想品德、人的智能都在人类社会活动中发挥着日益重要的作用。教师职业的社会作用客观地被提升到历史上从未有过的新高度。教育提升了人类的地位，提高了人的价值，必然要求教师在社会发展中充分发挥其作用，也必将赋予教师更崇高的社会地位。

---

① 陈孔国：《师德养成读本》，湖南大学出版社，2010年版，第135页。

第二节　教师道德规范

所谓职业道德，是指和人们的职业活动紧密联系的，具有自身职业特征的道德活动现象、道德意识现象和道德规范现象，是社会道德在职业活动中的具体化。从事某种职业的人群，有着共同的劳动方式，具有共同的职业理想、兴趣、爱好、习惯和心理特征，结成某种特殊的关系，形成特殊的职业责任和职业纪律，从而产生特殊的行为规范和道德要求。

一、教师职业道德内涵

教师职业道德，简称师德，是从事教师职业的特殊道德要求。它是教师在从事教育活动过程中形成的比较稳定的道德观念、行为规范和道德品质的总和，是调节教师与他人、教师与集体及社会相互关系的行为准则，是一定社会对教师行为的基本要求。由于教育活动的特殊性，教师的职业道德比其他职业道德要求更高。[①]

教师职业道德在教师工作中占据什么样的地位，有人做过非常形象的比喻：教育像是一盘各式各样的菜，而道德就像菜中的盐。盐本身不是菜，但各种各样的菜都离不开盐。教育过程中，师德如盐一样渗透到教育的各个方面，潜移默化地影响着学生的成长。因为教师对学生的影响，离不

① 教育部师范教育司:《新世纪教师职业道德修养》，教育科学出版社，2002年版，第22页。

开教师的学识和能力，更离不开教师为人处世、于国于民、于公于私所持的价值观。

教育心理学告诉我们：学生对教师提出的教育要求或批评意见采取什么态度，往往不是由教育内容决定的，而是首先看这个教师在学生心目中是否具有威信。教师一旦树立了威信，其言行往往成为学生模仿的典范和榜样。所谓“亲其师，信其道”，就是这个道理。

教师职业道德是随着教育的发展而发展的。

春秋时期，孔子办私学，广收门徒，创立了许多有关教师职业道德方面的理论，并以《论语》一书集中反映出来。

“默而识之，学而不厌，诲人不倦，何有于我哉”，体现了一种有关“学”“诲”的师德。

“其身正，不令而行；其身不正，虽令不从。不能正其身，如正人何”，体现了一种“以身作则”“言传身教”的师德。

此外，还有热爱学生、有教无类、不耻下问、知过而改、因材施教、循循善诱等有关教师职业道德方面的著名言论，形成我国教育史上的第一个教师职业道德规范体系。

孔子而后的百家争鸣时期，荀子、墨子、孟子等对教师职业道德体系作了进一步发展。如荀子在强调教师要以身作则的同时，又提出教师须具备的四个条件：“尊严而惮”“耆艾而信”“诵说而不陵不犯”“知微而论”，实际上就是在德行信仰、能力、知识等方面对教师提出更高的要求。

汉代的董仲舒把“三纲五常”作为教师职业道德的核心要求，又说“善为师者，既美其道，又慎其行”，指的是教师的道德品质、知识才干、言谈举止等。

唐代韩愈将师德列于对教师的首位要求，云“弟子不必不如师，师不必贤于弟子，闻道有先后，术业有专攻，如是而已”。

宋元明清又对教师的职业道德作了进一步的发展。如朱熹提出把博学、审问、慎思、明辨、笃行作为教师的道德规范。明末清初的王夫之则认为“德以好学为极”“欲明人者必须先自明”。

鸦片战争以后，中国逐渐沦为半殖民地半封建社会，文化教育的性质发生深刻的变化。以康有为、梁启超、蔡元培、杨昌济等为代表的一大批教育家对教师职业道德提出新的规范要求。著名教育家蔡元培明确主张教师要知识渊博，谦虚正直，要求教师的行为和品质能成为学生的楷模。

在社会主义新时代，教师是人类灵魂的工程师，担负着培养共产主义事业接班人的艰巨而光荣的使命。社会主义的教师职业道德批判地继承古代师德的优秀遗产，以共产主义道德的基本原则和行为规范为指导，从根本上区别于以往的教师职业道德，是最先进、最高尚的教师职业道德。

2014 年 9 月 9 日，习近平总书记在北京师范大学的讲话中，强调全国广大教师要做“有理想信念、有道德情操、有扎实知识、有仁爱之心”的好老师，为发展具有中国特色、世界水平的现代教育，培养社会主义事业的建设者和接班人作出更大贡献。

二、教师职业道德特点

教师职业道德是在教师劳动的过程中产生和发展起来的。它与其他社会职业道德相比，既有一般社会道德的特征，又有自己的特点。这些特点是由教师职业的特点决定的。

第一，教师职业道德标准具有高度的严格性。由于教师的主要任务是对学生的人格加以影响和培养，帮助他们塑造高尚的灵魂，而不是简单地从外部“雕琢”学生，这就对教师职业道德提出高标准、全方位的要求。苏霍姆林斯基认为：“教师成为学生道德上的指路人，并不在于他时时刻刻都在讲大道理，而在于他对人的态度（对学生、对未来的公民的态度）能为人表率，在于他有高度的道德水平。”①

第二，教师职业道德意识具有强烈的自觉性。教育是一个使教育者和受教育者都变得更完善的职业，教育者的人格是全部教育的基础。只有当教育

① 苏霍姆林斯基：《和青年校长的谈话》，教育科学出版社，2009 年版，第 177 页。

者自觉地完善自己时，才能更有利于学生的完善与发展。某种意义上，教师的劳动表现为“良心活”，因此有人说，教育是良心事业。

第三，教师职业道德行为具有独特的示范性。东汉许慎的《说文解字》中对教育的解释是：“教者，上所施下所效也；育者，养子使做善也。”教师的职业对象是学生，学生是人，是不断成长发展中的人。他们往往乐于模仿教师的言行举止，这就决定了师德不仅具有教育性，而且具有示范性，具有“以身立教”的突出作用。

南开大学早年曾开设“修身课”。为了引起学生的重视，这门课由校长张伯苓亲自讲授。

有一次下课后，张伯苓看见一个学生的手指焦黄，他马上意识到这个学生可能经常吸烟。于是，他对该学生说：“看你，是吸烟把手指熏黄的吧？吸烟对青年人有害，你应该戒掉它！”不料，这个学生盯着张伯苓的烟袋，反问道：“您不是也吸烟吗？怎么说我呢？”

张伯苓愣住了，一时无言以答，憋了半天，他狠狠心，将跟随自己半辈子的烟袋掰成了两段，然后，当着全班同学的面对那位同学说：“我以后不抽了，你也不要抽！”

过后，张伯苓又让校工拿出了自己所珍存的全部烟叶，当众销毁。看着年过半百的老校长毅然决然的神情，同学们都惊呆了，纷纷恳求：“校长，我们保证以后一定不再吸烟，您就不用戒烟了。”张伯苓说：“不这样做不能表示我的决心，从今以后，我与诸同学共同戒烟。”

自此之后，张伯苓真的再没有吸过一支烟。①

第四，教师职业道德影响具有潜在的深远性。教师职业道德的影响深入学生心灵，不仅影响学生的今天，而且影响学生的明天，甚至影响一辈子，使学生终生难忘。正所谓：“十年树木，百年树人。”教师职业道德的深远性还体现在，不仅作用于每一个学生，而且会通过学生影响家庭和社会。在现

① 陈孔国：《师德养成读本》，湖南大学出版社，2010年版，第71页。

代社会，普及义务教育已经是世界性潮流，每个人都要受到教师的培养，师德的作用越来越大。它直接关系教育劳动的成败，关系教育事业的兴衰，关系未来社会的主人的科学文化素质和思想道德素质，关系国家、民族的前途和命运，影响“千秋万代”。

第五，教师职业道德的内容具有鲜明的时代性。教师职业道德有自己的发展历史和独特内容，体现着人类的智慧和文明。在我国，教师职业道德的内容首先继承了优良的文化传统和优秀的师德遗产，如以身作则、诲人不倦、循循善诱、因材施教、为师重德等，涉及教师责任、教师职业良心等范畴。中国传统教师职业道德具有自己的特点，如强调个体道德服从整体道德，在此基础上对教师提出综合的道德要求，倡导以积极入世为道德追求，重在启发内心自觉。教师职业道德在内容上要与时俱进，不断反映时代要求。①

中小学教师师德十条红线②

1. 在教育教学活动中有违背党和国家方针政策言行的；

2. 在教育教学活动中遇突发事件时，不履行保护学生人身安全职责的；

3. 在教育教学活动和学生管理、评价中不公平公正对待学生的；

4. 在招生、考试、考核评价、职务评审、教研科研中弄虚作假、营私舞弊的；

5. 体罚学生的；

6. 以侮辱、歧视、孤立等方式变相体罚学生，造成学生身心伤害的；

7. 骚扰学生或者与学生发生不正当关系的；

8. 索要或者违反规定收受家长、学生财物的；

9. 开展或者组织参与针对学生的经营性活动，或者强制学生订购教辅资

---

① 付世秋:《教育政策法规与教师职业道德》，清华大学出版社，2016年版，第162页。

② 中华人民共和国教育部:《中小学教师违反职业道德行为处理办法（征求意见稿）》，2013年11月29日。

料、报刊等谋取个人利益的；

10. 不听劝阻，组织、要求、诱导学生参加校外有偿补课，或者参与校外培训机构对学生有偿补课的。

第三节　教师道德修养

“修养”是一个含义广泛的概念。“修”是指整治、提高，“养”是指培养、陶冶。修养是指个人在思想、政治、道德品质和知识技能等方面，长期自觉地学习、锻炼、涵育和陶冶的过程，以及经过努力所达到的水平。教师职业道德修养是教师为了培养自身的职业品质或素养进行的自我锻炼、自我改造、自我提升、自我发展的实践活动过程。

一、教师道德修养途径

教师职业道德修养的提升，既是教师自身道德人格不断完善的需要，更是做好教育工作的需要。因此，教师在进行职业道德修养过程中，必须有正确的途径和方法。

◎ 学习师德理论是教师职业道德修养的必要途径

古人云：“博学之，审问之，慎思之，明辨之，笃行之。”其中，学、问、思、辨讲的就是通过学习与思考，提高辨别是非的能力。离开了正确的、科学的世界观的理论指导，教师必然会迷失方向。

第一，学习贯彻习近平新时代中国特色社会主义思想和党的十九大精神。全面贯彻党的教育方针，围绕立德树人的根本任务，加强理想信念教育，坚持把社会主义核心价值观融入教育全过程，帮助学生扣好人生第一粒扣子。教师是立教之本、兴教之源，党和国家事业的发展需要一支师德高尚、业务精湛、结构合理、充满活力的高素质专业化教师队伍。

第二，学习教育科学理论。教育科学是人类长期教育实践的概括和总结。学习和掌握教育科学理论，有助于教师深刻理解师德修养的必然性和合理性，从而提高履行师德修养的自觉性。苏联教育家马卡连柯说："学生可以原谅教师的严厉、刻板甚至吹毛求疵，但是不能原谅他们的不学无术。如果一个教师不能完善地掌握自己的专业，就不能成为一个好教师。"

第三，学习优秀教师的模范事迹，在心中树立崇高的师德榜样，升华自己的师德境界。一切优秀教师的道德实践，都是师德规范原理在教育教学活动中的具体化，具有鲜明、生动、形象的特点。"见贤思齐，见不贤而内自省"，一定有益于师德品质的养成。

◎ 理论实践相结合是教师职业道德修养的根本途径

教师通过各种方式和途径获得的理论知识与师德要求，只有通过自身的教育实践活动转化为自觉的行为，逐渐成为自己的思想和行为，才能完成修养的全过程。实践是检验真理的唯一标准，教育实践是检验教师职业道德修养的唯一标准。教师的职业道德修养不是一蹴而就的，而是一个复杂而长期的过程，是在教育实践中不断检验、不断完善的结果。教师只有把学习和实践结合起来，通过实践的反复磨炼，百炼成钢，才能形成良好的职业道德修养，成为学生的榜样。

◎ 自觉内省、慎独是教师职业道德修养的有效途径

"慎独"源于儒家经典《礼记·中庸》："莫见乎隐，莫显乎微，故君子慎其独也。"意思是说，真正的君子在独处时要谨慎不苟，绝不因处事隐蔽而放纵，绝不因私心萌动而不觉。"慎独"要求教师以师德规范为标准，随时反省自己的言行，及时纠正不符合要求的思想和行为，使自己的思想和行为符合教师职业道德的要求。依靠教师在教育教学实践中所形成的内心信念来支配自己的行动，是衡量教师道德觉悟和思想品质的试金石。

教师所从事的劳动基本不计个人得失和忧患，以坦荡、无私的心境干好教育教学工作。教师除了接受职业道德教育外，也要通过内省来提升自我，把外在的职业道德要求内化为自己对教育的信念与信仰，也就是说，要做到勤学、慎独、内省、兼听、自律，从而实现教师人格魅力的不断升华。

二、教师道德修养境界

《礼记·学记》曰："君子既知教之所由兴，又知教之所由废，然后可以为人师也。"一些名师之所以被誉为"真的种子、善的信使、美的旗帜"而为世人景仰，不仅在于他们兢兢业业为学生传道授业解惑的职业操守，更在于他们言行一致、持身自律的人格魅力和道德风范以及"人类灵魂工程师"的境界。

◎ 做一个心中有"爱"的教师

2008年9月1日颁布的《中小学教师职业道德规范》，是新中国成立以来国家正式颁布的第四个中小学教师职业道德规范。其内容为：爱国守法、爱岗敬业、关爱学生、教书育人、为人师表、终身学习。这六条基本内容，体现了教师职业特点、师德本质和时代特征。

2018年6月11日下午，在护送学生放学回家途中，面对突如其来的车祸，河南省信阳市浉河区董家河镇绿之风希望小学教师李芳果断推开学生，把生的希望留给学生，把危险留给了自己。

4名受伤学生经过救护已无大碍，而李芳老师却因抢救无效于6月13日凌晨4:40永远地离开了她挚爱的三尺讲台，将生命定格在那一刻。

无意用生命为职位正名，只是出于爱生本能。在危险面前，老师没有权衡利弊的时间，甚至容不得丝毫迟疑和犹豫。而促使老师奋不顾身冲上前的，只是骨子里对学生本能的爱。

教育就是一份爱的事业。第斯多惠在《德国教师培养指南》一书中指出："真正的永不消失的教学热情必须建立在对教师职业的热爱上，对教师工作的心驰神往，必须建立在对发展儿童世界事业的热爱的基础上。"从事教育工作的人都懂得教育的核心是爱，热爱教育事业，热爱学生，是每一个教育工作者师德中最为重要的一点。

◎ 做一个心中有"道"的教师

一个优秀的教师，不仅要热爱教育，懂得教育，还要善于实施教育，将崇高的教育信仰与教育理想满怀深情地落实到坚实平易的教育实践之中，把教育规律、教育原则的遵循与把握体现在细致入微、润物无声的教育生活之中。

陶行知在担任一所学校校长时，有一次，他看到学生王友用泥块砸同学，当即制止，让他放学后到校长室。当陶行知来到校长室时，王友已等在门口准备挨训了。没想到陶行知却给了他一颗糖，并说："这是奖给你的，因为你很准时，我却迟到了。"王友惊疑地瞪大了眼睛。陶行知又掏出第二颗糖对王友说："这第二颗糖也是奖给你的，因为我不让你再打人时，你立即就停止了。"

陶行知又掏出了第三颗糖："我调查过了，你砸的那些男生，是因为他们不遵守游戏规则，欺负女生；你砸他们，说明你很正直善良，且有跟坏人作斗争的勇气，应该奖励你啊！"王友感动极了，哭着说："陶校长，你打我两下吧！我错了，我砸的不是坏人，是自己的同学……"

这时陶行知笑了，马上掏出第四颗糖，说道："因为你正确地认识了错误，我再奖励你一颗糖……我的糖分完了，我们的谈话也结束了。"

普普通通的四颗糖，在陶行知先生的手中似乎有了生命：第一颗糖代表尊重和理解；第二颗糖代表信任和支持；第三颗糖代表赏识和鼓励；第四颗糖代表宽容和体贴。很多时候，和风细雨的教育反而比雷霆万钧的方式更有力量。

能做到以上两点的教师，大概是师德达到最高境界了吧！

有人说，要做好教育，是世界上最困难的事情；要做坏教育，是世界上最容易的事情。要做一个卓越的教师，是人世间最艰难的挑战；要做一个平庸的教师，则是人世间最简单的选择。

基础教育是中国教育的基础，教师队伍是基础教育的基础。习近平总书记指出："一个人遇到好老师是人生的幸运，一个学校拥有好老师是学校的光荣，一个民族源源不断涌现出一批又一批好老师则是民族的希望。"

青年教师们，让我们一起努力吧！

第二章

叩开教学之门

《南齐书·崔祖思传》曰:“自古开物成务，必以教学为先。”教学在人类文明发展史上起着重要的作用，在当今依然充满活力，是主要的人才培养方式。课堂教学是有计划、有步骤、有组织的教师的教与学生的学相结合的双边活动过程，是现阶段学校教育教学中普遍使用的一种育人手段。教学技能是教师最基本的职业技能。教师只有不断锤炼自己的教学技能，才能逐步提升自己的教学能力，自如地运用智慧和创造力，把课堂营造成生动活泼的学生学习与成长的乐园，顺利完成教学任务，取得良好的教学效果。

第一节　作实教学准备

古人云：凡事预则立，不预则废。充分的准备对于做好任何事情都是必要条件。就课堂教学来说，精彩纷呈的课堂生成看似是意外的收获，实际上却离不开教师课前的精心准备。新教师初登讲台，很难做到灵活运用各种教学策略进行授课，所以作好充分的教学准备尤为重要。

一、课前三研

课堂教学是否有效、高效，首先取决于备课。要想备好一堂课，教师要研读文本、研究学情、研究教学方法。我们称之为“课前三研”。

◎ 研读文本

研读文本指的是研读课程标准、教材、教学参考资料等。课程标准是教材编写、教学、评估和考试命题的依据，是国家管理和评价课程的基础。教材是为了完成课程标准中的课程内容、实现课程标准中的课程目标而编写的。教学参考资料是辅助教师进行科学备课、高效授课的一系列有益的资料。在诸多文本中，课程标准是最上位的。教师应将课程标准读透，用课程标准统领教学行为。

2017 年颁布的高中学科课程标准包括前言、课程性质与基本理念、学科核心素养与课程目标、课程结构、课程内容、学业质量、实施建议与附录。前言中写道:“课程标准围绕核心素养的落实，精选、重组课程内容，明确内容要求，指导教学设计，提出考试评价和教材编写建议。”这段话充分体现课程标准的纲领地位。课程标准中规定的基本素质要求是教材、教学和评价的灵魂，也是整个基础教育课程的灵魂。课程标准对教师的教学行为具有重要的指导意义，它是教材、教学和评价的基本依据，是发展学生核心素养的落脚点。教师要发展自己的教学技能，最首要的事情是精研课程标准。

认真研读了前言部分，把握好其所表达的先进教育理念后，要在对前言深刻理解的基础上研读课程性质与基本理念、学科核心素养与课程目标、实施建议、附录中的案例，理解课程性质、基本理念、学科核心素养、课程目标与实施建议之间的逻辑关系，以便透彻地理解实施建议。例如，生物学是自然科学中的一门基础学科，与其他自然科学一样，不仅是一个结论丰富的知识体系，也包括人类认识自然现象和规律的一些特有的思维方式与探究过程。这样的课程性质决定了生物学科核心素养包括生命观念、科学思维、科学探究和社会责任，决定了生物教学应该重视科学探究过程和实践。教师应该引导学生在科学探究的过程中培养科学思维，形成生命观念，运用生命观念分析问题，在科学探究、运用知识参与社会议题和解决现实问题等过程中培养社会责任。

备每一节课时，要研读课程标准的“课程内容”和“学业质量水平”部分，研读“课程内容”部分的教学内容、教学要求及教学提示，研究“学业质量水平”部分的学科核心素养不同水平的关键表现。许多学科课程标准在附录中附有学科核心素养的水平划分，如高中化学学科附录 3 为学生必做实验索引，高中语文附录 1 为古诗文背诵推荐篇目。认真研读上述内容，才能明确一节课的教学目标和教学内容。

教材是教育专家以课程标准为依据，按照不同学科知识体系编写出来的文本，可以说，它是达成学生核心素养落地的凝固的载体。教材是教学活动中必不可少的文本，是学生最重要的学习文本，因此，教师在备课前要认真研读教材。除了各种学科知识，教材中还包含引导学生学习教学内容、实现课程目标的路径和方法，并给教师和学生留有自主发挥的空间。教材是通识性文本，对于具体的教学情形而言，在时间与空间方面也有一定的不足之处。因此，研读教材时，教师既要认真思考和领悟编者的编写意图，又要思考教材在哪些方面存在不足，或者在哪些地方给教师存留自主发挥的空间。例如，人教版高中历史必修3“第19课　建国以来的重大科技成就”只关注了我国从新中国成立到20世纪90年代的科技成就，并未涉及21世纪以来中国所取得的科技成就，具有滞后性。如果教学时适当补充相关内容，则能更好地实现该节课的教育功能。

如前所述，教材有许多值得教师学习和借鉴之处，同时也免不了有不足之处。所以，教师要适当研读一些教学参考资料，以加深对教材的理解或弥补教材的不足。教师在备课前应研读哪些教学参考资料呢？人教版《教师教学用书》是人教社组织优秀教师和编辑一道编写的，里面有教材分析、教学目标和重难点分析、教学策略、教材思考题和作业题的答案，还有对知识和科学探究的拓展等，每一部分都值得认真研读。此外，质量较高的教辅书是教师必读的第二类教学参考资料。解读教辅书中的归纳总结与重难点解析，可以丰富和完善自己的知识体系；做例题和习题，可以了解所授教学内容的评价方式，熟悉题型和解题方法。对于所有参考资料，都须用辩证的观点进行研读。教师还可以研读比自己所教学段低和高的教材相关部分，研读与教学内容相关的科技新进展、生产生活应用资料，研究同行的教学设计或录像课等。研读低学段教材，了解学生已知道了什么；研读高学段教材，了解教材的知识结构体系，让自己站在更高的层次俯瞰教学内容，找到引导学生发现学习或创设情境所需的素材；研读科技新进展等，既可以开阔视野，也可以帮助我们找到富有时代气息的教学素材。研读同行教学设计和观看录像课时，应带着问题研读观看，一般来说，可以思考一些这样的问题：执教者为什么要这样教？这样教真的能实现教学目标吗？这样教为什么能高效（或不能有效）实现教学目标？还可以怎么教（或应当怎样改进）？这样教有利于核心素养的培育吗？

◎ 研究学情

符合学情的教育才会有效、高效，所以，教师备课时需要认真研究学情。那么，从哪些方面研究学情呢？

第一，研究学生的兴趣点。兴趣是最好的老师，把握住学生的兴趣，就抓住了学生的心。一般而言，越贴近生活、越活泼生动、越风趣幽默、越激发认知冲突的活动，学生越喜欢。

第二，研究学生的认知规律。年龄越小的学生，抽象思维和理性思维能力越弱。高中学生在这些方面有所增强，但仍然不够，所以高中教学仍然需要关注如何化抽象为具体的问题，也有必要培养学生这些方面的能力。

第三，研究学生已有的认知，包括习得的知识、生活经验和前概念（在学习概念以前就形成了的相关概念）。知道了学生的原有知识和生活经验，教学就可以引导学生在原有知识的基础上生发或理解新的知识，在学习新知识的过程中建立新旧知识的联系；知道了学生拥有的前概念，就可以引导学生对概念和前概念加以辨析，从而更深刻地理解概念或解除前概念对概念学习的干扰。例如，在高中生物必修1“遗传信息的携带者——核酸”一节，如果教师意识到之前学习的蛋白质和该节课学习的核酸都是生物大分子，则可以由蛋白质的结构层次和结构特点类比到核酸的结构层次和结构特点，这样就能很好地突破“核酸结构及结构特点”这一重难点，有利于形成生物大分子的概念，在后续糖类的学习中也能轻松地理解多糖的概念和结构。再如，在糖类的学习中，学生已有“糖类是有甜味的物质”这一错误的前概念，这会影响学生建立糖类的科学概念，故应在教学中厘清。

第四，研究学生在新知识学习和完成学习任务的过程中会怎么想、怎么做、可能会遇到什么障碍。例如，在人教版高中生物必修1《物质跨膜运输的方式》一课中，教材用表“丽藻细胞液与池水的多种离子浓度比”为例说明植物细胞可逆浓度梯度吸收离子。教学中，如果让学生通过分析表格得出结论进行探究学习，很多学生难以得到“丽藻可以逆浓度梯度吸收离子”这一结论。原因有两个：一是学生不知道通过追问和分析“为什么会出现这种实验结果”，透过现象看本质；二是学生在分析“为什么”时存在两种想法，一种是“丽藻逆浓度梯度吸收离子，导致相应离子在细胞内的细胞液浓度高于池水浓度”，另一种是“丽藻顺浓度梯度排出离子，导致相应离子在细胞液中的浓度高于池水浓度”。备课时进行了这种分析，就可以在课堂上引导学生作好准备。针对第一种因方法问题而出现的障碍，应教授学生分析现象（亦即透过现象看本质）的方法——追问“为什么”；针对第二种因解释现象时看法不同而出现与预期答案不同的情况，引导学生设计实验方案，探索两种说法的正确性，并告知实验结果。

丽藻细胞液与池水的多种离子浓度比

离子	细胞液浓度 / 池水浓度
$(H_2PO_4)^-$	18050
K^+	1065
Cl^-	100
Na^+	46
SO_4^{2-}	25
Ca^{2+}	13
Mg^{2+}	10

◎ 研究教学方法

由于时代、社会背景和文化氛围不同，研究者研究问题的角度和侧重点存在差异，中外不同时期的教学理论研究者以及一线教师对“教学方法”概念的界定和分类不尽相同。在教学实践中，不同学科由于特点不同，所采取的教学方式也有区别。普遍适用于各学科的教学方法有讲授法、谈话法、任务驱动式教学法等。其中，任务驱动式教学法能够较大程度地激发学生的自主性，给予学生体验、动手和动脑的时间最多，运用的频率很高。所以，我们重点分析任务驱动式教学法。

任务驱动式教学法通常包括导入、布置任务、自主学习（合作学习）、展示交流、质疑点评、归纳总结、巩固练习等步骤，其中前四个步骤可以根据课堂需要多次循环。学生自主学习（合作学习）的过程中，教师应观察学生的学习情况，对于不认真学习的学生及时提醒和引导，对于学习有困难的学生及时指导，尽可能多地收集学生完成任务过程中的闪光点和典型问题。

展示交流环节，教师要认真倾听和观察，记录下展示中的闪光点和问题。质疑点评环节，可以先让学生对展示者提出疑问、展示者答疑，也可让学生点评；教师最后对自主学习（合作学习）、展示活动和学生质疑点评活动进行评价，对学生未考虑到的问题进行补充完善，将学生自主学习（合作学习）时收集到的闪光点和典型问题拿出来与学生分享和分析，对重点内容进行强调，再运用一些手段和方法对难点内容进行突破（例如，运用动画化抽象为具体，运用比喻、类比等化陌生为熟悉）。归纳总结环节，既要对一节课所学知识进行归纳总结，使知识结构化，又要对学科思想和学习方法进行总结；时间充裕时，可以先让学生自主归纳总结，教师再补充完善。

任务驱动式教学中，学习任务的设计是一节课成败的首个关键点，故也是教学设计的重头戏。学习任务可以是问题串，可以是对某种观点的论证，可以是表演，可以是方案设计，也可以是方案设计和实践……不管何种形式，一般遵循以下原则：第一，任务应紧紧围绕教学目标，这是引导学生实现学习目标的路径；第二，任务应尽可能引导学生理解知识、形成能力，而不是死记硬背、生搬硬套；第三，任务应尽可能引导学生构建学科思想和方法而不只局限于具体知识；第四，任务应尽可能有利于培养学生自主发展（学会学习、健康生活）、社会参与（责任担当、实践创新）等核心素养。下面是市英语学科带头人丁老师就小学英语四年级下册第三单元第一课时 *Weather* 一课所做的任务设计。

PPT 出示招贴：

English reporters are wanted for the School Weather Station!

T：To be a weather reporter, you can

—have many chances to know more about weather.

—have many chances to practice English.

—have many chances to help others.

Do you want to be a little reporter? Come on!

To be a weather reporter, you should

—say the words about weather freely.

—describe the weather in different places.

—give a weather report.

人教版英语四年级下册第三单元的学习主题是天气，第一课时的主要任务是夯实基础，学生学会熟练说出气温给人带来不同体感的四个单词（cold, hot, warm, cool），并运用它们对各地不同气温进行描述。争当“校园气象台英语天气播报员”的任务，能引导学生在完成任务时由浅入深地通过字、词、句的学习，最后运用所学语言知识完成天气预报，真正做到用英语来做事情，高效发展语言能力。教师还将情感教育巧妙地渗透在任务之中，引导学生学会合作、学会动手等。丁老师的此节课在“一师一优课”活动中被评为“部优”。

二、教案撰写

教学方案，简称教案，是教师组织教学活动的预案，也是教师组织教学活动的实施方案，是教师备课的结晶。它应当有明确的教学目标、有序的教学步骤、适宜的教学方法、恰当的练习安排。它是以文本、学情为依据，充分考虑各种教学条件（教师、设备、环境等）精心设计、安排制定的。教案的设计与安排，在“课前三研”中已有阐述，这里讲的“教案撰写”，是指对“课前三研”已初步形成的教案思路加以整理并用文字记录下来，形成教学文书的过程。

◎ 撰写教案的重要性

研究制定科学的、可操作的教案并形成条理清晰的文本，在上课前做到心中有数，是上好课的基本前提。对于一名缺乏教学经验的新教师来说，撰写好详细完整的教案非常重要。如果没有教案就进入课堂，就像一个人走进茫茫大草原，没有方向，无所适从。撰写好的教案就像地图，清晰地指引你前进的方向。

为什么已经对文本、学情、教学方法进行了研究，在脑海里形成了一定的教学思路，还一定要撰写书面教案呢?

首先，思路需要转换成操作性较强的行动预案。思路只是确定了实施教学的路径、方式和大致的教学步骤，并未解决教学过程中如何具体操作的问题。师生的互动方式、教学中提问的设计、教具与媒体手段的使用、教学效果的检测、学情的及时反馈等，都需要在撰写教案时进一步明晰，转化成可操作的教学行为。没有这种转化，教师头脑中的教案就只是一些漫无边际的想法，无法着地成为可以操作的行动预案。不形成可操作的行动预案，教师尤其是新教师，在课堂上就会不知所措，从而造成课堂混乱与无序等各种严重的后果。

其次，撰写过程是最佳的完善过程。“课前三研”侧重的是理论思考，虽然也研究学情，但只是整体上的研究。这种理论思考是科学地实施课堂教学的根本保证，舍此无法保证教学方向的正确性、路径的科学性。正因为侧重理论思考，往往很难把涉及教学方方面面的情况全部考虑到。教师在撰写教案时，发现“三研”时某些设想不甚妥当的情况并不少见，这时就可以进行具体的完善与改进。另外，在将教案写下来的过程中，进行教学设计初期，教师的一些较为无序混乱的思绪会逐渐条理化，一些不甚明朗的想法也会逐渐清晰起来，有时还会引发教师的丰富联想，从而拥有一些好的教学灵感。

再次，上课时方便备查。教师最好的状态是心中有案，手中无案，在上课前就已经把教案内化于心。上课时离不开教案的教师不是好教师。但是在纷繁复杂的课堂教学现实中，教师情急之下一时忘记教学进程的安排或某些内容表述也是常有的事情。此时，有了书面教案，只要瞟上一眼，就可以摆脱窘境，将教学顺利进行下去。

最后，教案撰写过程也是教师专业发展过程。优秀教师都是在长期的教育教学实践中磨砺出来的，霍懋征、魏书生等概莫能外。没有这种磨砺，即使才高八斗，学富五车，也不能成为优秀教师。师范院校毕业的学生初上讲台时，往往感到在学校学到的那一大堆教育理论派不上用场，原因就在于缺少实践磨砺。撰写教案是实践磨砺中的重要一环。撰写过程中，有理论的思考，有实情的研判，有经验的借鉴，有创意的萌生。这是经验累积融通的过程，是理论向实践转化，在认识上实现理论向实践飞跃的过程，也是教师专业发展的过程。况且，教案和其他教学资料的积累，是教师赖以进行教学反思、改革研究和提升教学水平的基础。从这个意义上说，撰写教案就是创造财富，积累教案就是积累财富。

无论是从当下上好每一堂课的角度看，还是从长远教师专业发展的角度看，撰写教案都是不可或缺的。

◎ 教案撰写的基本内容

撰写教案不是简单地记录下来就行了，必须条理清晰，突出重点，方便阅读。一份完整的教案应该包含以下基本内容：课题、课型、课时、教具与学具的准备、教学目标、教学重点、教学难点、教学过程、教学方法、作业布置、板书设计、教学反思。

（1）课题：本课时的名称，一般是教材中课文与章节的标题，教师也可以根据教学内容选取恰当的词语进行命名。

（2）课型：说明本课的类型。不同学科会有不同的课型。例如英语学科，有词句课、对话课、阅读课、语音课与综合复习课等。

（3）课时：说明总课时多少、本课时是第几课时。

（4）教具与学具的准备：说明要准备哪些辅助教学的教具与学具。教具与学具是教学重要的辅助手段，使用得当会成为课堂的重大助力。选择教具与学具有两个原则，首先，要考虑它们的选用是为了服务于教学，而不是为了课堂的热闹、好看。它们应该用于帮助学生突破难点，突出重点，取得良好的教学效果。其次，在确保教学效果的前提下，教师要优先选用得来最容易、携带最方便、操作起来最简便的教具与学具。

（5）教学目标：教学所要完成的目标。目标要依据课标要求、教材内容和学生的知识水平、技能程度、情感状况三方面确定。一般来说，教学目标从“知识与技能”“过程与方法”“情感态度与价值观”三个维度来确立。目标的表述应当是具体的，可检查的，能落实的，而不是空泛、虚无的。否则，实施教学时可能偏离方向，检测效果时便会无所适从。

（6）教学重点：本课教学必须解决的关键性问题。

（7）教学难点：本课教学时可能遇到的有困难、障碍的知识传授与能力培养点。

（8）教学过程：教学活动有效进行的过程，或称教学步骤，说明教学进行的内容以及方法步骤。教学过程是教案撰写的重点部分，它直接决定着教学成败。一般程序包括新课导入、新课学习、巩固练习、归纳小结、作业训练等环节。教学策略的落实，教法教具的运用，重点问题的解决，难点的突破，都融合在相应环节之中。教学过程要紧扣教学目标进行设计安排，确保突出重点，突破难点，实现目标，否则就会成为无效教学。

（9）教学方法：教学过程中，教师与学生为实现教学目的，满足教学任务要求，在教学活动中所采取的行为方式总称为教学方法。从不同的角度出发，中外教育理论研究者对教学方法有不同的阐述。例如，黄甫全教授认为一些操作性教学方法在教学方法体系中发挥着中介性作用。它们有讲授法、谈话法、演示法、参观法、实验法、练习法、讨论法、读书指导法、实习作业法等。总之，教师应根据突出教学重点、突破教学难点、实现教学目标的需要，从学情出发，斟酌选定各种教学方法。在书面教案中，教学方法一般不单独列项，而是融合在教学过程之中。

（10）作业布置：作业的内容和完成的方式。作业题要精心设计，根据学情有层次地安排，确保最有效地为实现教学目标服务，力求事半功倍，力避烦琐、低效。

（11）板书设计：上课过程中要在黑板上出示的内容。板书要简洁、明了，反映出知识间的联系、教学层次、重点和难点，分为正板书、副板书。实施教学时，板书是随着教学程序的展开逐步出现的。正板书始终保留，对总结揭示知识间的联系有重要作用；副板书随写随擦，配合其他手段帮助学生理解学习内容。撰写教案时，板书一般附后。

（12）教学反思：教者对该堂课授课后的感受、学生学习效果的反馈以及对教学改进的思考。它不是教学预案的内容，在撰写教案时要为它留下一席之地，为自己的专业发展创造磨砺的机会。

◎ 教案撰写的基本形式

教案撰写的形式多种多样，但无论采用何种形式，都必须恰当地体现教学设计的要求，展现教学的基本内容，方便执教者上课时使用，有利于教学目标的实现。在此前提下，教师可以根据自己的条件和教学需要，选用或创设适宜的形式，无须千篇一律。从实际使用情况来看，比较广泛使用的教案的基本形式有记叙式、表格式、卡片式三种。

1. 记叙式教案

记叙式教案是主要用文字形式将备课的结果表达出来的教案。它的具体编写方式有两种：一是讲稿式的详案，二是纲要式的简案。无论是哪种形式的教案，课题、教学目标、教学重点、教学难点、课时安排、作业练习都是必须写的，略去的只是教学过程中的某些内容。

（1）讲稿式详案：详案要求把教学过程中的教学内容、教学步骤和教学方法、教师的语言行动、学生活动的设想都详细写出来。详案撰写比较烦琐、费时，但新教师一定要写，因为这样能鞭策自己在撰写过程中对教学有一个全面细致的思考，对课堂上可能出现的种种情况有一个比较充分的预估和把握，有助于教学有序进行，避免慌乱情况的发生，确保教学目标的实现。

株洲市八达小学的谢老师设计的小学一年级语文学科《小小的船》一课，在教师指导学生认识生字环节的详案是这样撰写的：

朗读感受，学习生字

①师配乐范读，学生整体感知儿歌。

师：下面请你们轻轻地翻开语文书 56 页，老师读儿歌，你们指听，右手食指指着字。

②“小小录音机”：学生跟着老师读。

师：下面，我们来当小小录音机，老师指读，你跟读，看谁的录音效果最好，模仿老师最像。（看 PPT 读，画出节奏。最后半句要多读几遍，读流畅为止。）

读完了课文，你现在知道“小小的船”实际上指的是什么了吗？（板书：画一个月亮）

PPT 出示船和月儿的图片，指着问：船和月儿有什么相似之处呢？

PPT 出示船和月儿的甲骨文：我们的祖先在造字时，是依据事物的样子来描绘的，你们看，这就是“船”最开始的样子，这是“月”字最开始的样子，“船”字的哪边和“月”字比较相像？（师指着屏幕）

设计意图：“小小录音机”环节是通过一种童趣的方式，领着学生通读课文，整体感知课文，明确“小小的船”其实指的就是月亮。接着，通过“船”和“月亮”的图片和甲骨文的对比，明确两者之间的相似之处；同时渗透象形识字的方法，再次复习“船”字，引出“月”字的写字指导。

以上教案不仅详细地写出教师的教学步骤，还写出各步骤的教学内容，对教师的行为进行完整的阐述，对学生的行为进行合理的预设，并将此教学步骤的设计意图予以描述，提醒自己完成教学目标，以确保教学效果。

（2）纲要式简案：简案是相对于详案而言的，它不需要像详案那样将教学行为进行完整详细的描述，只需要保留一些教者认为必须记录的过程或步骤即可。一般主要记录教学内容的要点、主要教学步骤和教学方法。简案可以节省编写时间，便于教师用更多的时间深钻教材，改革教法，不断提高教学能力；还可以促使教师灵活控制教学活动程序，把课上得生动活泼，避免照本宣科。但只有教学经验丰富、对教学内容稔熟于心、对学生情况了如指掌、对课堂教学驾驭自如的教师，才适合采用这种方法。

例如上述案例，教学生字的整个环节的简案可以这样写：

朗读感受，学习生字

① 师配乐范读，学生整体感知儿歌。

②“小小录音机”：学生跟着老师读。

③ 指导学生写汉字“月”。

④ 多种方法识字。

⑤ 拓展识字，认识“门”字框。

以上简案虽然简单，但是对教师将要进行的教学过程进行了清晰的阐述，教师可以利用此简案帮助自己记忆该课的教学步骤。

2. 表格式教案

表格式教案是以表格形式呈现备课内容的教案。它具有言简意赅、重点突出、使用方便的特点，把上课时的各种因素，如教学内容、形式、板书、时间、教学设计等加以合理组合，相互对应地写进教案。教师上课通过看表格，就可明白各种因素的要求，从而综合运用，灵活掌握。

3. 卡片式教案

卡片式教案是以卡片的形式呈现的一种教案。教师将教案的纲要、重点、难点和易忘记的教学内容以及需要补充的材料等制作成多张卡片，以备课堂教学中作提示之用。通常有两种形式：一是教案纲要提示，二是教学内容和补充材料提示。卡片式教案的优点是使用灵活、方便，利于教案的经常修改和补充，缺点是零散，看不到完整、系统的教案。

卡片式教案也是一种简案，新教师不宜采用。但把教学中需要的历史、地理、人物、术语解释等补充资料制作成卡片，与相关教案配套使用，是新老教师都适宜的。把补充资料从教案中抽出来单独制成内容独立的卡片，既可以使教案简洁明晰，又可以灵活地将卡片用在其他需要的地方，甚至与其他教师共享。

资料式教学卡片举例——鲁迅简介。

鲁迅（1881 年 9 月 25 日—1936 年 10 月 19 日），浙江绍兴人，原名周樟寿，后改名周树人，字豫山，后改豫才。“鲁迅”是他 1918 年发表《狂人日记》时所用的笔名，也是他影响最为广泛的笔名。著名文学家、思想家，五四新文化运动的重要参与者，中国现代文学的奠基人。毛泽东评价：“鲁迅的方向，就是中华民族新文化的方向。”

鲁迅一生在文学创作、文学批评、思想研究、文学史研究、翻译、美术理论引进、基础科学介绍和古籍校勘与研究等多个领域具有重大贡献。他对于五四运动以后的中国社会思想文化发展具有重大影响，蜚声世界文坛，尤其在韩国、日本思想文化领域有极其重要的地位和影响，被誉为“20 世纪东亚文化地图上占最大领土的作家”。

三、手段运用

教学媒体是教学内容的载体，是教学内容的表现形式，是师生之间传递信息的工具，如实物、口头语言、图表、图像以及动画等。教学媒体往往要通过一定的物质工具与技术手段实现，如书本、板书、投影仪、录像以及计算机等。随着时代的发展，信息技术手段在教学中发挥着越来越重要的作用，成为教学活动的关键媒体。

◎ 技术促教学的发展

1. 信息技术的发展促进教育变革，引领创新发展

信息技术的飞速发展推动了智慧教育的深入。基于互联网 +、云计算、大数据等技术，创新教育教学方式颠覆了传统的教学模式。传统的教学模式是以教师为主的单向教学方式，信息技术的发展促进传统单向教学向多向教学（交互式教学）转变，彰显了个性化学习。

教师制作微课，进一步对重难点进行讲解，通过网络推送给有需要的学生；学生通过网络平台随时点播、下载多种教学资源。网上交互技术的发展

更进一步促进了师生、生生之间的交流。

“翻转课堂”是对基于印刷术的传统课堂教学结构与教学流程的彻底颠覆。它需要教师在课前将授课的重难点内容事先发布到网上，学生根据视频和书本材料完成预习工作，课前在网络上通过看视频讲座、博客、阅读功能增强的电子书和小组合作交流等方式进行自主学习。教师通过学习反馈提前了解学生的学习困难，在课堂上对主要问题进行辅导，或者对学习过程中有困难的学生提供帮助，以满足学生的需要和促成他们的个性化学习。

另外，人工智能和大数据技术的发展促进“私人定制式”学习模式的发展。通过对学生学习行为的实时记录和数据分析，系统会自动生成错题集和个性化学习单，推送给学生，进而有针对性地解决学生的学习问题。

信息技术的发展使得师生可以平等获取信息，学生学习主体地位进一步彰显。各种新型教学模式的发展，推动了教育理念创新、管理创新以及教学中教师角色、课程模式、管理模式等一系列的变革。

2. 信息技术的发展促进教学质量的提升

信息技术的发展会促进“教”与“学”的双重发展，从而有效提升教学质量。

不可否认的是，作为知识传导者的教师，水平参差不齐。同学段的学生，其知识储备与学习能力也各不一样。越是农村和边远地区，课堂的教学质量越低。网络技术的发展推动了“远程教育”工程的实施，一方面，教师获得知识技能培训的途径大大增加，通过观摩名师的课堂、下载优质课件等方式提升自身的教学水平；另一方面，学生可以接触到优秀教育资源和高质量的教学信息，有效提升学习效果。

3. 信息技术的发展促进教育公平的实现

教育信息化突破了时空限制，成为缩小教育差距、促进教育公平的有效途径。

信息化的教育能以较低成本把优质教育资源输送到农村和边远地区，大大缩小教育差距，实现教育公平。

传统教学中采用“师父带徒弟”式的面对面传递信息的方法，哪怕再厉害的名师，也只能影响某一个班或者是某一个学校的学生。但是现代网络教学中，一门网络课程可以吸引上万甚至是十几万人。

以慕课（大规模开放的在线课程）为例。慕课的课程跟传统的大学课程一样，循序渐进地让学生从初学者成长为高级人才，绝大多数课程是免费的。只要对课程有兴趣、想来学习的人，不分年龄、国籍，不受时空限制，都可以学习。

4. 信息技术的发展促进全民学习和终身学习

教育信息化打造了“没有围墙的学校”，是实现全民学习、自主学习、终身学习的必然选择。

移动技术和现代网络技术的飞速发展，使得教学地点不再固定于教室或者学校，教学的开展也不仅仅局限于某一个课堂。人们通过手机、平板或笔记本电脑等移动设备在汽车、地铁甚至是家里的沙发上学习。学习主体从在校学生向社会公众扩展，教育阶段从学校教育向终身教育延伸，真正实现“人人皆学，处处能学，时时可学”。

◎ 技术促教学的优化

1. 利用信息技术提高学生的学习主动性

传统的学习方式，学生只是跟随教材上讲述的知识点进行机械的学习，对于一些知识点只是一味地背诵，遇到一些很难理解的问题，通常就直接跳过，不再对问题进行深入研究。久而久之，学生累积的不懂的知识越来越多，学习上就显得非常被动。将信息技术引入学生的学习，充分体现学生的主体地位，促进学生进行自主学习。网络蕴含了丰富的资源，经过筛选可以获得有价值的学习资源。学生可以平等地共享这些资源，按照自己的学习基础、学习兴趣选择学习内容。对于在学习中遇到的不懂的问题，在网络上都能快速地找到答案。网络资源丰富，很多问题不仅有文字解答，还有相应知识点的微视频，为学生的学习提供了很大的帮助。如此，学生可进行自主学习，不断提高学习主动性。

2. 利用信息技术促进学生进行合作、探究学习

信息技术与学科的有效融合，能形成新的学习方式和环境，也会形成

一种良好的学习氛围，促使学生用合作、探究的方式学习。比如，在英语教学实践中，可以利用信息技术进行班级分组管理。每个小组就是一个互动平台，小组成员利用此平台上传说、唱、讲、演等视频或语音资料，其他同学进行点评，提供建议等；还可以开展在线英语角等活动，帮助学生实现合作学习。又如体育学科中，篮球的教学可以通过游戏实现人机互动，让学生尝试从技术角度分解动作，合作探究，掌握新知。

3. 利用信息技术给予学生不同的学习体验

当前，教育技术不断革新，平板电脑作为一种重要的智能终端设备，以其丰富的教学功能以及便捷的操作等优点逐渐被应用于课堂教学中。如教师通过用平板电脑上课的经验发现，学生对于电子学习工具的热情明显高于传统的“粉笔 + 黑板”教学，他们兴趣大增，课堂参与度明显增加，能跟着教师的引导，逐步获取网络中的大量学科知识，且识记和理解效果较好。如在地理课上，平板电脑的应用能让地理知识、现象更生动地展现在学生面前，拓展学生的地理视角。学生还能自主利用功能强大的搜索引擎来获取新的地理知识和自己疑惑的地理问题，并通过课堂讨论，再结合实际实例深化理解，运用该知识来解决生活中的地理问题。在信息技术的支撑下，学生在课堂上能获得不一样的学习体验，学习效率大大提升。

信息技术手段与学科融合，有利于在课堂上体现学生的主体地位，鼓励学生自主探究、合作学习，为课堂注入新的活力和色彩，从而优化课堂教学。

◎ 技术促教学的转变

1. 教学手段由单一向多样化转变

信息技术不但能为教学提供大量鲜活的素材，还能通过多种手段的引入，提高教学效益。如历史学科，部分内容枯燥无味，教师讲起来让人昏昏欲睡。如果利用网络引入一些有趣的图片、视频等资源，就会让课堂变得生动有趣。

再如，现在英语学习上用的“一起小学”和“口语 100 分”等 App，能有效地帮助学生学习英语；数学教师利用“作业盒子”布置家庭作业，学生使用“天天练”一边闯关一边练习等。善用这些技术手段，可以让学习变得不那么枯燥乏味，更加方便简单，学生更加热爱学习。学生不再会因为害羞胆小不敢向教师寻求帮助而错失学习的机会，留守儿童不再因为没父母的指导而使不懂的问题越积越多。

2. 个体学习向交互式学习转变

当代信息技术为我们提供了超越时空的知识平台和平等多向的交互形式，它的引入推动我们创立新型的学习关系。信息技术运用到学习中，更多的是作为学生表达、交流的工具，也可以成为学生交互学习的工具。比如，现在用得最多的微信平台，学生可以建立小组学习交流群，遇到学习问题，进行交流和研讨，发表观点和见解，共享各种学习资源，协作完成一定的学习任务，从而在学生之间形成相互影响、相互促进、共同进步的交互式学习关系。

3. 教材单体化向资源的多元化转变

当代信息技术环境下，学生再也不局限于课本知识。互联网上大量的知识信息让学生尽情到知识的海洋中去遨游。如语文学科，学完课文《雷锋叔叔，你在哪里》后，学生上网搜索更多关于雷锋叔叔的事迹，进一步走近雷锋叔叔，对雷锋叔叔的钦佩、崇拜之情就会愈加深刻。

◎ 手段运用中存在的问题

1. 手段运用定位不准，影响教学目标的实现

运用信息技术是为了优化课堂教学，为实现教学目标服务。有的教师为了突出体现信息技术的优势，为技术而技术，将各类文字、图像、动画、声音、影片等一股脑地加进去，追求信息技术的高、精、尖和界面的精美，忽视了课堂教学目标，导致教学内容主次不分，教学目标达成率不高。例如，有位教师为了上好《食物链》一课，精心设计了课件，课件中充分运用各种媒体信息，如文字、动画、声音、图像、视频等，学生不停地感叹画面的精美，课堂气氛异常热烈。但在课后随机抽查时，没几个学生能说清楚这节课主要讲了什么，学生对重难点的掌握情况不佳。

2. 盲目运用手段，忽略学科特点，影响教学质量的提高

信息技术在教学中的运用要适应学科特点，有的教师认为课堂中不用"信息技术"就不是好课，盲目、不切实际地花大力气把工作重点放在课件的制作上，而放弃了深入研究教材。如讲《物体的平衡》一课时，不带领学生亲自动手探究，而是播出很多图片和动画等。学生对亲自动手做所获取的知识具有更深的印象，这样的学习效果用屏幕呈现的方式是达不到的。

3. 教学设计中技术手段使用不当，影响学生创新求异思维的训练

教师在教学中要引导学生发现问题、提出问题并解决问题，由具体到抽象地建构知识体系，由感性认知提升到理性思考。有经验的教师总会留下足够的时间和空间让学生自己理解、想象、思考，从而实现思维能力的培养。但有的教师只顾运用信息技术手段，忽略了学生"思考—发现"的过程，教师变成各种现代化技术教学设备的操作者，学生没有足够的时间进行深入思考，只能顺应教师快速播放着的课件简单作答。这实际上是另一种形式的"灌输式"教学，学生只能跟着教师课件设计的模式机械地学习，思维能力得不到发展。

4. 手段运用不妥，课件制作粗糙，影响学生对知识的理解接受

有些课件制作过于简单，只是几张简单的幻灯片，缺乏交互性。有些则过于复杂，追求表面上的新颖、花哨、动感，并使用大量的动画和音响，导致学生上课时一味看课件中的图案和动画效果，没有用心听教师的讲解，了解课件中的知识与原理，影响学生对知识的理解与接受。

◎ 手段运用解决对策

1. 正确认识信息技术在学科运用中的作用，切忌喧宾夺主

信息技术集"文字、声音、图像、图形、动画"等多种传播媒介于一体，多方位、多角度、多途径地向学生传递信息，为教师和学生提供了生动活泼、灵活多样的人机交谈的信息环境。但是无论信息技术多么优越，都应为教学服务，即一堂课中，学生永远是主体，教师是主导者，信息技术只是起到辅助教学的作用。信息技术与学科的整合，它们之间是互相协作的关

系，而不能相互替代。因而，信息技术的运用应遵循适时、适用、适度的原则，即应在某些需用信息技术辅助教学的课题中，在恰当的时候，适当地运用信息技术，而不能滥用，绝不能喧宾夺主，取代学科教学。

如语文学科的《荷塘月色》一课中，“塘中的月色并不均匀；但光与影有着和谐的旋律，如梵婀玲上奏着的名曲”这一句，学生很可能并不能深刻地体会到那种意境。这时如果教师在课件中运用信息技术将视觉的形象辅以听觉的声音，给学生的想象添加视觉、听觉等多维度的元素，并通过表现对象的运用和变化，让静止的图画声形并茂起来，学生在这样的情境中，更易发现与深刻感悟美。反之，如果只是图片的堆积，朗诵音频的反复播放，就有画蛇添足之感，虽是运用了信息技术，可是并没有起到多媒体应有的作用。

2. 针对学科特点制作教学课件，优化教学设计

信息技术在学科中的运用，应该实现这样的目标：发挥信息技术的优势，优化学科教学，提高教学效益，解决学科学习问题。因而，教师在备课时要围绕学习主题展开，筛选信息，巧妙安排，运用信息技术提供给学生有利于完成学习目标的方法和资源，优化教学设计。

如地理学科的《地球的宇宙环境》一课，播放太阳系的运动模拟动画，让学生身临其境；展示太阳外部结构示意图，让学生走近太阳。

又如，在历史课堂中利用多媒体课件，集视频、声音、动画、图片于一体，充分展现中华五千年的文化，穿越时空，从春秋战国时期的诸侯争霸到秦朝统一多民族国家的形成，再到现代中国的格局，充分展示，一目了然。

再如，政治学科中的投资理财、储蓄存款、股票、债券、保险等内容的讲解，可以选择用图表的形式展示分析，也可以运用柱状图、折线图、饼状图等体现各类理财的变化与特征。

在物理学科中，可通过模拟天体运动轨迹实验、电流的流动动画等探索物理的奥秘。在化学学科中，可运用虚拟实验进行危险实验、有毒气体实验的学习。在生物学科中，可制作分子运动动画、细胞生命历程视频等，充分利用信息技术带领学生探索生物大分子的奥秘。

3. 加强信息技术学习，提高教师和学生的信息素养

首先，教师要加强对信息技术知识的学习，比如必须学会用信息数据库来处理各种教育信息，运用信息化环境下的各种传播或交流工具，使用必要的软件制作工具，能用先进的工具软件设计或集成各种教学信息资源等。此外，处于信息时代的教师必须具备现代教育教学思想观念，掌握先进的教学设计思想和方法。唯有现代教育教学思想、教学设计思想和方法与现代教育技术相融合，才能实现教学优化。其次，学生要重视信息技术课程，努力学习信息技术，了解信息技术的发展变化，学会使用与学习和生活直接相关的工具与软件，并能熟练操作计算机进行信息收集、整理，从而提高自身信息素养，运用信息技术进行自主学习。

4. 提升素质，走出多媒体课件制作误区

一堂课是否精彩，关键在于教师而不在于工具。但好的多媒体课件可以起到画龙点睛的作用，帮助教师提升课堂效率。设计一个好的多媒体课件，要尽量避免走入课件设计的误区。

误区一：把 PPT 当成 Word 文件。

合理的做法：每一张幻灯片突出一个主题。

课件中应该尽量字少图多、表多，详细的内容可以写在备注里面，或者另外使用 Word 文稿提供辅助学习的讲义和阅读资料。

俗话说：一幅好图胜过一千句话。实践表明，在课件中用图片进行某些内容的展示，能够达到比单纯提供一段文字和一些数据更好的记忆效果，同时还能够产生更大的视觉冲击力，提高学生学习兴趣。教师可以根据主题准备合适的特写照片，选择一些动人的漫画、风光照等，配上简练的文字，达到极佳的视觉效果，真正提高课堂实效。

误区二：课件主要是给教师看。

合理的做法：课件是给学生看，字体要大，且醒目，保证坐在最后一排的学生能够看清楚屏幕上面最小的字。字体和屏幕背景的色彩要对比鲜明，如白底黑字、蓝底白字，每一页幻灯片上的文字不要超过五行，最好三行以下。字体大小和文字的行数要以后排和左右两边的学生能够清晰地看到课件

内容为准。

误区三：课件上堆积过多的媒体元素。

合理的做法：内容清晰，逻辑清楚，可以采用递进或并列等逻辑关系组织内容。

整个课件的格式应该一致，包括颜色、字体、背景等；清晰地表达知识的层次性；根据内容适当选用简笔画、图形组织法、概念图、示意图、照片等，突出课堂中的重点和难点。

第二节　做好教学实施

教学实施是实现教学目标的中心阶段，学生素养的育成、教育目标的达成都是在教学实施过程中逐步实现的。教学实施策略的选择，既要符合教学内容、教学目标的要求和教学对象的特点，又要考虑在特定教学环境中的必要性和可能性。在教学实施阶段，新教师将要面临与解决的核心问题有课堂组织、教学艺术与教学反馈。

一、课堂组织

课堂组织在教学实践中有着举足轻重的地位。经验丰富的教师在课堂中，往往会花 80% 的精力组织课堂，花 20% 的精力展现自己的教案设计。同样，让新教师最头疼与茫然无措的，往往也是课堂的组织与管理。解决了课堂组织的问题，才能顺利进行各种教学活动，最终达成自己的教学目的。

◎ 课堂组织的概念

什么是课堂组织？一般认为，课堂组织是指在课堂教学过程中，教师通过各种方式管理学生的有效注意，规避课堂问题行为，建立良好的课堂秩序，构建和谐的教学环境，引导学生学习与思考，以实现教师预设教学目标的一系列教学行为。

课堂组织的核心是对课堂问题行为的处理。

◎ 课堂问题行为的分类与成因

课堂问题行为，一般指发生在课堂上与课堂行为规范和教学要求不一致并影响正常课堂秩序及教学效果的课堂行为。调研中发现，一个学生的问题行为容易诱发另一个学生的问题行为，并逐步蔓延开来，影响教学活动的正常进行。因此，对课堂问题行为及时加以控制和防范，是课堂组织与管理的关键。对课堂问题的类别与成因进行分析，可以有效防范这些课堂问题行为的产生，从而建立良好的课堂秩序，确保学生的学习效果。

1. 课堂问题行为的分类

根据学生行为表现的倾向，可以将课堂问题行为分为两类：外向性问题行为与内向性问题行为。①

外向性问题行为：主要包括争吵打闹、推撞挑衅等攻击性行为；推挤座位、制造噪音等扰乱秩序的行为；进行搞怪表演、发布惊人言论等引人注意的行为等。外向性问题行为直接干扰课堂秩序，影响正常教学活动的进行，教师对这类行为应果断、迅速地加以制止。

陈诚是班上一个过分活泼的男生，坐在讲台下第一个座位。上课时，他的拿手好戏是钻桌子。他从座位底下一直往后爬，所到之处引起一片尖叫，教师的课无法进行下去。教师让他站到教室后部，告诉他在座位下爬是不恰当的行为。第二天，他穿了一双溜冰鞋来到教室。上课后，他在座位间的走道上一下子滑到教室后面，再滑回来，满心期待地对老师说："老师，我溜冰溜得不错吧？"

陈诚的行为属于典型的外向性问题行为。对于这类问题行为，需要明确制止，并对学生进行正面引导，疏导其思想，对于精力过于旺盛的学生，可以布置附加任务等。例如对于陈诚，教师最后采取的办法是：如果能够安静地坐 30 分钟认真听课，就奖励他帮老师分发作业本。陈诚果然慢慢安

---

① 胡桂华：《学生课堂问题行为分类与处理方法》，《湖南教育》，1996 年第 12 期，第 17 页。

静下来。

内向性问题行为：主要表现为在课堂上发呆、打瞌睡、上甲课做乙事等注意力涣散或转移的行为；害怕举手、沉默寡言、逃避小组活动等退缩行为；胡乱答题、抄袭作业等不负责任的行为等。内向性问题行为较为隐秘，大多不会对课堂秩序构成直接扰乱与破坏，因而不易被教师察觉。但这类问题行为对教学效果有很大影响，对学生个人的成长尤其不利。因此，负责任的教师在课堂管理中要细心关注学生的状态，发现学生的内向性问题行为，疏导学生思想，给予及时矫正。

郭嘉的英语成绩一直上不去。郭嘉妈妈很着急，她来到学校，悄悄在教室外观察，发现郭嘉一直坐得很端正，听得也算认真，于是她认为儿子没有语言学习的天赋。

新学期，班上来了一位经验丰富的英语老师——肖老师。在带读课文时，她不看课本，却看着学生读书的神态。她发现，郭嘉笔直地坐着，嘴里跟着自己在读课文，但是眼神涣散，没有聚焦点，既没有看课本，也没有看白板上课件里的文本。她边带读边，走到郭嘉面前，轻轻点了一下他的桌子，他吓了一大跳，立刻将眼睛对准了书本。

郭嘉的行为属于典型的内向性问题行为。对于此类课堂问题行为，教师要仔细观察，采取一定的方法进行处理。通常来说，暗示、谈心、激励等，是最佳的处理方法。

2. 课堂问题行为的成因

要顺利解决课堂问题行为，进行有效的课堂组织，我们要善于分析各种课堂问题行为背后的成因，进而采取有针对性的措施，从根源上阻止此类行为的发生，或者在发生后迅速有效地解决。一般来说，引发课堂问题行为的主要因素集中在学生、教师和环境三个方面。[①]

① 吕娟:《课堂纪律问题的成因及对策》,《课程教材教学研究（中教研究）》, 2016 年第 1 期，第 87 页。

课堂问题行为，看上去是学生的问题，实际上与教师有着密切的关系，学生的许多问题行为是教师直接或间接造成的。一般来说，教师导致课堂问题行为产生的因素主要有以下三点。

（1）教师管理不当。

这是教师引起课堂问题行为的最主要因素。它有两方面的表现：教师要求过严过激，或者与之相反，过于宽容，完全放任自由。

教师过于焦虑，对课堂问题行为处理生硬，对学生的个别不良行为作出过激反应，动辄中断教学，大加训斥，甚至不惜花费整堂课时间进行冗长的责骂。这种失当的管理方法不仅不能起到作用，往往还会激化师生矛盾，引起学生的怨恨情绪，诱发学生攻击性的课堂问题行为。

刘老师教六年级四个班的科学。她发现，其他三个班学生上课时都能认真听课，积极思考，只有六（3）班的问题层出不穷。一会儿学生互相挤座位，一会儿抢橡皮，还不惜为此大打出手。与其他任课教师交流，大家都有同感。有一次她空堂课时，经过六（3）班，她从窗户里看过去，看到讲台前站了一排学生，该班班主任一个接一个地用教鞭抽打他们。被打的学生倔强地抬着头，其他学生一副看好戏的表情，有时还会起哄，没有几个在学习的。

该班班主任的焦虑管理是造成班风混乱的根源。班主任的过严管理非但没有解决问题，反而造成班级问题的不断涌现，阻碍良好班风的形成。因此，教师应改变工作方法，引导学生进行自主管理，逐步以良好的行为代替问题行为。

反之，过于宽容是对学生不良行为的一种放纵，同样不利于课堂组织。学生处于自制力较差的阶段，教师的放任会让学生逐渐养成不好的行为习惯，不但影响教学效果，对学生的成长也极为有害。长期的不约束，更会导致整个班级处于无序状态。

（2）教学节奏把握不当。

教师由于教学准备不充分、教学环节不完整或表达出现偏差等，造成教学节奏的混乱与无序，同样会容易引起课堂问题行为。例如，教学环节之间缺乏过渡，或者教学要求不明晰，会使学生因为不理解而无法参与教学过程。学生无事可干，就会出现各种问题行为。

张老师为追求良好的教学效果，精心制作了课件。上课铃响后，张老师来到教室，将电脑与教室的一体机进行连接。一体机有许多插线，张老师连接了几次，都没有调试出幻灯片。最后，张老师决定请电脑老师来帮忙。在张老师忙着装课件的5分钟里，教室里乱成一团，学生交头接耳，推拉争抢，各种问题行为，不一而足。

在上述案例中，张老师注重了教学前准备，但是忽略了课堂前准备。而课堂最初几分钟的组织往往起到很大的作用，组织好课前几分钟，能营造良好的教学氛围，迅速带领学生进入学习状态。因此，教师的准备一定要充分、全面，在课前准备好的事情，坚决不能留到课堂上去做。

（3）教师丧失教学权威。

教师丧失教学权威主要是因为：第一，教师的教学水平欠佳。教师对教学内容不熟悉、不了解，无法解决并不复杂的教学问题，或者照本宣科，甚至讲解不当，枯燥乏味的课堂无法激发学生的兴趣。这样的教师无法在学生心中树立权威。新教师要善于学习，用心锤炼教学技能，努力提高教学水平，才能提高自己在学生心中的地位。第二，教师在处理问题行为时有失偏颇，做不到言出必行等，同样会让学生无法信服。在学生面前丧失权威的教师，学生不会听从他的任何指示。新教师在处理学生问题时要综合考虑各种因素，以真心爱护与真切关怀的态度，公平公正地处理日常教学中所遇到的各种问题。

大量的课堂问题行为是由学生自身的因素引起的。心理学研究发现，引发学生问题行为的最大因素是——挫折。成绩不佳、缺少情感的慰藉、对环境不适应等，都会让学生遭受挫折感，并引发紧张、焦虑、惧怕甚至愤怒等情绪反应。在一定条件下，这种情绪反应就演变成课堂问题行为。这些行为具体表现在：

①寻求注意。自尊心强又缺乏关爱的学生，往往故意在课堂上制造事端

以引起教师和同学的注意。

②性别特征。在小学阶段，男生活动量大，精力旺盛，喜欢探究，但他们的心理成熟程度和自控能力比同年龄的女生普遍要低些，因而出现课堂问题行为的可能性要高于女生。

③人格因素。学生的课堂问题行为在一定程度上与其个性心理特征，如能力、性格、气质、情绪等有关系。例如内倾化的人格，常表现出抑制退缩行为。而外倾化的人格，自制能力较弱，常出现外向性问题行为。

④生理因素。生理上的不健康与发育期的紧张、疲劳和营养不良等，都会影响学生的行为。

社会环境、校内环境与家庭环境中的许多因素，都会对学生的行为产生一定影响。在教学实践中，教师可以迅速而直接改变的是教室环境。

教室温度过高，容易使学生烦躁不安，课堂上的不友善行为和冲突性行为随之增加；教学课件的色彩过于强烈和鲜艳，元素过多，容易使学生注意力分散；教师总站在讲台之后，远离学生，与学生有隔离感，会让学生觉得自己没有处于教师的关注之下，容易走神。

◎ 课堂教学的有效组织策略

课堂组织是课堂教学活动的支点，是课堂效率高低的重要制约因素。以下策略对于建立良好的课堂秩序、高效地组织课堂起着很好的作用。

1. 形成翔实、系统的组织语言

教学伊始，教师可以通过与学生讨论的方式，一起商议所有学生都要遵循的课堂要求，并将之程序化，形成一套翔实、系统的课堂组织语言，并严格监督执行。这对于学生养成良好的课堂习惯及教师高效管理课堂，有着非常好的作用。通过一段时间适应这些规则后，学生清楚自己在课堂中的各个环节应该有何种行为，从而形成心理上的稳定感，增强对课堂教学的认同感。

杨老师是株洲市芦淞区一位善于动脑的英语老师。在接手小学三年级的教学后，她发现学生很爱学英语。但是由于他们刚开始接触英语，一部分学生在课堂上搞不清自己该干什么，就可着劲儿问老师每一个单词的意思。一部分学生由于好奇，对课本上与课件里的各种图片和文本都能议论半天。

于是，杨老师教了学生一整套规矩。要跟读时，老师说：Follow me! 学生一听到这个句子，就要立刻说：Follow you！并看着书跟读。在各种活动完毕需要学生停下来时，她就用两只老虎的曲调唱：Hello boys! Hello girls！学生就一边唱：I'm here! I'm here！一边停下来。

经过一两周的练习，杨老师上课要求学生跟读课文时，根本不用再说“请同学们跟我读”之类的话了。

尽管三年级的学生活泼顽皮，但是杨老师建立了一套系统完善的组织语言，有效地规范了学生的课堂行为，让教师组织与管理课堂事半功倍。

每位教师都可以根据学科特点建立一套系统的课堂组织语言。音乐、手势、节奏、简短的话语等，都可以成为该语言的推手。例如，音乐教师可以让学生在一种音乐声中向教师问好、坐下，在另一种音乐声中起立、下课。这些语言经过不断的强化，久而久之就成了学生的行为习惯，长久地发挥作用，便能产生积极的管理效益和教学效益。如果教师光靠在教学中随心所欲地不断提出各种要求、指令来维持课堂秩序，不仅管理效率低，浪费时间，而且会让学生无所适从，很容易产生新的课堂问题行为。

小周老师是一名中学语文实习教师，跟着何老师学习。听了几堂课后，小周老师准备到何老师的班上去上几节课，想在实践中提高教学水平。

准备好教案与相应的教具后，小周老师走进了教室。学生们刚上完体育课回到教室，他们有的大汗淋漓，拿着书本使劲扇风；有的脱衣服，拿着纸巾擦汗，一边讨论刚比完的篮球赛，一边互相取笑。

小周老师在讲台上大声说：“同学们，请安静！”没有人理会他。于是，他拿起教鞭使劲敲桌子，有的学生望了他一眼，依然如故。

在教室后部听课的何老师吟了一句：“风急天高猿啸哀。”这正是学生必背诗词的第一句，学生听到后，立刻接了下去：“渚清沙白鸟飞回。”吟到第四句时，所有的学生都参与进来。一首诗吟完，学生都已经坐好，开始准备上课。

课堂组织语言形成以后，应该在课堂中加以强化使用，多次重复以后，学生就会对该组织语言形成条件反射，迅速进入学习状态。另外，该组织语言应贯穿于课堂始终，帮助教师高效地管理与组织课堂。

2. 发布清晰明了的课堂指示

课堂由活动构成。无论是教师讲授还是学生练习，无论是机械操练还是意义巩固，无论是独立思考还是合作探究……要实现教师设定的教学目标，都会要求学生进行一系列的活动。在教师组织各个环节的教学时，如果指令不明确，要求不具体，会造成学生的理解与教师预设脱节，甚至相违背，从而导致教学活动无法顺利进行，课堂变得混乱。

李老师是一位新教师，教数学。在“对称”这一知识点的教学中，她让学生带了一些彩色折纸，折一折，玩一玩。李老师的意图是让学生在折出后的图形中感受对称。可是学生没有弄明白她的意思，有的折了纸船，有的折了飞机，有的将纸撕成一条一条的，做成了毽子，玩得不亦乐乎。

在中日教学交流活动中，日本创价大学教职研究生院的授课教师也选择了这个内容。在诠释完对称图形的概念以后，教师出示五个英文字母：M、E、D、Z、N。要求学生小组将这五个字母分为两类：A类与S类。授课教师加藤伸秀这样说：“看字母的时候，不要把它当字母去理解，而是当图形看待；五个字母全部放在桌面的信封里，全部拿出来分类；把信封放到右边，用铅笔盒压着信封，免得信封掉下来；里面有个双面胶，但是现在还不要用它，把它放到右边。”尽管是一个陌生的教师授课，但是学生立刻明白了该怎么做。

上述案例中，李老师因为指令不够清晰，让一部分学生的理解产生偏差，因而做出一些与教师预设有出入的活动；而日本教师的指令清晰明了，即使动作烦琐，但是整齐规范，清晰的组织语言确保了课堂的有序高效。可见，教师指令是否明确、清晰，直接关系到课堂组织的成败。

3. 组织有效的小组合作学习

小组合作学习由于实效显著，被人们誉为近十几年最重要和最成功的教学改革。合作是指两个或两个以上的学生或群体，为了达到共同的目的而在行动上相互配合的过程。在教学中，教师指导学生构建学习小组，通过指导小组成员展开合作，发挥群体的积极作用，提高个体的学习动力和能力，达到完成特定教学任务的目的，从而激发学生的主动性、创造性，确保课堂组织的有序与高效。

组织有效的小组合作学习，有几点需要注意。

第一，分组时要本着组内异质、组间同质的原则。组员间要有明确分工，做到各司其职，各尽所能，最终形成合作，达成学习目标。

第二，进行合作学习之前，教师要向学生清楚说明合作的目的、方式与操作步骤，这样学生才能迅速高效地进行合作学习。

第三，教师要根据教学内容、学生实际和教学条件等，选择有价值的内容、有利的时机和适当的次数让学生进行合作学习。不是所有的教学内容都适合进行小组合作学习。一般来说，必须多人合作才能解决的问题与多人合作效益优于单独完成的问题才适合采取小组合作。例如，语言学科中为了锻炼交际能力，让学生就某个话题进行讨论与交流；理科教学中用多种方式解决问题时，让大家分组进行头脑风暴活动等。需要学生学会独立思考、自我操练的内容，不应进行合作学习。仅仅为了热闹好看而勉强进行的合作，只会起到反作用。

第四，实施合作学习过程中，教师要加强调控，对游离的学生进行提醒，对偏离方向的学生进行点拨，确保小组成员形成合作氛围。

4. 合理利用科学的评价工具

评价作为一种重要的辅助手段，能充分发挥教师的宏观调控作用与学生的主观能动性，促进师生互动，有效激趣。合理利用评价工具，既能帮助教师有效地组织课堂，又能确保学生的学习效果，有利于学生发展。尤其对于有意注意时间很短的小学生来说，评价激发了他们的好胜心，在课堂中最大限度地保持高昂的学习热情，规范学习行为。

马卡连柯说：“不应把纪律仅仅看成教育的手段。纪律是教育过程的结果，首先是学生集体表现在一切生活领域——生产、日常生活、学校、文化等领域中努力的结果。”通过各种方式，培养学生优良的学习与思考的习惯，对学生的成长与成才都会起到巨大的促进作用，这本身就是教育的一大成果。

二、教学艺术

教学艺术，是爱的艺术。它源于教师对每一双求知的眼睛的深切爱意与深刻理解。艺术，是发自内心的美。你的心中有阳光，你的世界才会充满阳光；你的心中有爱，全世界才会充满爱。在与学生的情感交互、心灵碰撞中，你成了春风，温暖于无声之际；成了春雨，润物于无形之中。这个时候的你，便是一位教学艺术家。

◎ 教学艺术的内涵

何谓教学艺术？诸多教育大咖众说纷纭，仁者见仁，智者见智。法国教育家卢梭认为：“教育的艺术是使学生喜欢你所教的东西。”英国哲学家、教育家罗素认为：“教育就是获得运用知识的艺术。这是一种很难传授的艺术。”

语文课上，你声情并茂地朗读朱自清的《春》。你生动传神、绘声绘色、抑扬顿挫、波澜起伏、婉转悠扬的朗读，深深地吸引住学生的心，让每一个学生都能遇见一个灵魂深处的自己……你的演讲艺术就是你的教学艺术。

音乐课上，你叫一位学生画一首曲子的旋律，看到学生用粉笔画出的青涩的痕迹，你笑着说：“我们昨天所学的音乐旋律表，像不像这位同学笔下的股市行情分析表？”你的幽默让学生发出会意、爽朗的笑声，让整堂课春意盎然……你的语言艺术就是你的教学艺术。

政治课上，你在黑板上随手一挥，画出了合理清晰的思维导图，提纲挈领，恰当的色彩搭配，苍劲有力的字体，让你的板书俨然成为一幅独具匠心的艺术作品……你的设计艺术就是你的教学艺术。

英语课上，单词听写从未过关的俊贤同学突然通过自己的努力得到满分，你以奖励的方式让他担任了第二天晨读领读的学生。没想到，这一积极暗示激励了他的学习动力，让他在日后的英语学习中，一发而不可收。你的暗示艺术就是你的教学艺术！

德国教育家第斯多惠说："教学艺术的本质不在于传授的本领，而是激励、唤醒与鼓舞。"教学艺术就是教师在课堂上遵照教学法则和艺术品质的要求，采用心理调控策略、语言艺术、肢体语言、表情动作、新媒体技术等手段，充分调动教学情感的功能，为取得课堂最佳教学效果而实行的一套独具风格的创造性教学活动。一般来说，教学艺术有如下几个性质。

1. 教学艺术的生本性

林芳老师被学校派出去观摩全国初中英语优质课"比武"，其中河北一位教师的课设计得行云流水，环环相扣，引生入胜。于是，她决意回到学校后在当地的一堂公开示范课中也采用同一教学流程。结果公开课结束后，真经变成泡影。淘气的学生极其不配合，影响了她的心情，弄得听课教师哭笑不得。

教学艺术是一项教师与学生共同合作，在课堂中即时生成的艺术。案例中的林芳老师没有考虑自己学生的实际学情，照搬看似完美的教学艺术作品却弄巧成拙，没有取得任何效果。教学艺术不是一成不变的艺术品，具有强烈的生本性，要求教师面向不同情况的学生时，要根据具体学情，采用不同的方式与手段引导他们，促进他们高效学习。

2. 教学艺术的创造性

丁老师上过一堂英语示范课，学习主题是"feelings"。她营设了各种情境，让学生讨论此种情境下的心情与应对方法。其中一个情境是：The rain has lasted for a month。雨连续下了一个月，多数学生在此种情况下都感到无聊，但是有一个学生却说他很愤怒。教师认为此种心情也是可以理解的，于是追问："那你打算怎么解决？"学生说："I should make a telephone call."打电话？其他学生有点不解，纷纷问他："天要下雨，你生什么气？你要打什么电话？你打个电话雨能停吗？"那个学生有点无言以对，十分尴尬。丁老师灵机一动，做出十分愤怒的样子说："嗯，我要打个电话给老天。嗨，老天，快点把太阳放出来，这样我就可以出去玩了！"老师幽上一默，既让学生开心起来，还给了学生灵感。有个学生立刻说："愤怒时确实可以打电话给好友，倾诉本来就是平静下来的好方法；无聊时也可以打电话给朋友，说说知心话，也就高兴了。"随后，大家争相发言，探讨出许多管理情绪的好办法。听课教师都觉得这节课异常精彩。

可以肯定的是，丁老师在备课时绝对没有料到学生会有这样的回答。如果不加理睬，轻轻放过，肯定起不到她的处理所带来的效果。从这个案例可以看出，教学艺术具有高度的创造性。它没有一定的规则可以遵循，是一种机智，一种创造。但是也不需要因此气馁，所有横溢出来的才华，其实都是长期锻炼与努力求索的结果。针对某项教学内容进行深入思索，力图设计出新颖、有趣的教学方案，一次次的改进之后，你定会得心应手；针对课堂上的突发事件进行恰当的处理，一次次的调整与积累后，你定会有所感悟。虽然教学艺术看似神秘而缥缈，却并不是无迹可寻。只要努力追寻，你一定会成为教育艺术家。

3. 教学艺术的独特性

教师遒劲有力、优美的板书能让学生赞叹不已；声情并茂的朗读能让学生激情澎湃或暗自落泪；流利的口语是孕育未来外交官的甘露；夸张的肢体语言能让学生捧腹大笑，久久难以忘怀；幽默机智的教学智慧能让学生感到此种课堂可以"再来一打"；充满爱意的表扬能激励学生积极前行。"一千个读者眼里，有一千个哈姆雷特"，教学艺术领域没有定律与公式。不同的人，不同的教学风格；不同的教学风格，不同的教学艺术。

◎ 提升教学艺术的意义

1. 提升教学艺术的过程是教师专业不断成长的过程

林军是湖南株洲攸县的一位英语老师，20 世纪 90 年代末大学毕业后被分配到一个偏远山区的学校教初中英语。在专业成长上，他追求上进，每一次执教的课都是精雕细琢。有时为了完成几个动物生词的教学，提着录音机跑到小桥边上录鸭子嬉戏的声音，跑到农家牛棚里录牛“哞哞”叫的声音。三年之后，他凭借自己的执着在全县的教研公开课上拔得头筹，并被推荐参加市里的比赛。为了突破自己的发展瓶颈，他到处拜师学艺，让自己的教学艺术得到很大的提升。几年后，他的努力得到回报，他的课堂成为每个学生追捧的天堂，他也破格被评为市级学科带头人。在学科带头人的平台上，他更是谦虚上进，不断向高手学习，追求自己教学艺术的提升，自费到省外观摩全国名师上课，向各级名师学习。岁月的积淀及对教学艺术的孜孜以求，让这位低调的一线英语教师在各级各类教学比武中屡获佳绩，市级、省级、国家级的奖励纷至沓来。在追求教学艺术完美的过程中，他实现了自己的专业成长之梦。

提升教师教学艺术的过程，既是教师专业成长的过程，又是自我价值实现的过程。教师教学的责任不是为了仅仅完成教学任务，而是在于通过个人的人格魅力影响学生，辅助学生建构知识，发展智力，培育核心素养。

2. 提升教学艺术的过程是教师教学理念不断发展的过程

特级教师李镇西说过：“作为一名教师，把课上好是最最基本的条件，也是立身之本。好到什么程度呢？好到学生上你的课觉得时间过得很快，盼着第二天听你的课。”在“互联网 +”时代，网络生活深深影响了学生的生活，网络中的信息潜移默化地影响了他们的生活方式、思维模式，甚至改变了他们每天所处的学习环境。在这种新的时代，教师要锤炼自己的教学艺术，与时俱进，不断更新教育理念，以适应信息时代的要求。教师在课堂上要善于把握学生求新、求变的心理，拥抱新生事物，与学生产生共鸣，才能让自己的教学艺术驻颜有术。因此，提升教师教学艺术的过程是教师教学理念不断发展的过程。

董文娟，株洲市外国语石峰学校一位普通的青年语文教师。她给学生的作业评语堪称一绝，学生每次翻开被批改的作业时，禁不住要为这位评语大神点赞。作业本上诸如“你的作业很养眼，情不自禁为你打 call!”“亲，这样的作业可否再来一打？”“亲，你的作业略显粗糙，很明显与你本人的气质不符”“亲，你的作业 HHHH（红红火火）”等随处可见。她的学生，每天最期待的事情便是课代表下发作业本，享受阅读董老师的作业点评给他们带来的快感。

董老师的点评看上去只是使用了一些流行语，但恰恰是这些词语的运用，反映了董老师教育理念的先进。她不是动不动摆出威严的样子对学生进行批评教育，而是以平等的身份与学生对话，真正走进学生的心里。

3. 教师提升教学艺术的过程是师德修炼的过程

教学艺术不是一蹴而就的，它的获得需要一个锤炼与发展的过程。电影《一代宗师》中的这句经典台词“见自己，见天地，见众生”，道出教师教学艺术修炼的三个过程。

林东平，一位步入不惑之年的资深语文教师，他把自己的从教经历大致分成三个阶段。分配工作的前两年，工作热情极高，整堂课恨不得将自己的所学所知向学生倾囊而授，全然没有顾及学生的感受。两年下来，他发现自己“累并痛苦着”——自己付出多，但收效不佳，学业检测中自己所任教的班级常常处于年级中靠后的位置。经过反思，他认为自己没有关注一头一尾的学生，因此优秀率、合格率都上不来。于是在第三、第四年的教学过程中，他调整了思路，特别关注优生与“差生”。经过几年的历练，通过自己对教学的研究，他有了收获，优生的成绩凸显出来了，后进生的成绩也赶上来了。那一年，他也如愿有了自己的孩子。他想到，如果他的孩子天资一般，那上学后可能得不到老师的关爱。推己及人，他对生命、教育有了全新的认识。他认为每一个学生、每一条生命都值得他用毕生的精力与心血去呵护，于是便有了“见众生”的感悟。他后来去日本中小学进行考察，发现日本学校的很多校长都是50岁以上，刚开始他觉得难以理解，但后来一想确实有道理。只有经过一定的历练，一个人才知道教育的真正所需——教育不是功利的，而是宁静致远的。

教师提升教学艺术的过程，不是物质欲望的追求，更不是短期功利的追求，而是从精神层面对自己职业道德的修炼。如果教师的教学仅仅是为了获取每次考试成绩的排名，他们往往就会急功近利，教学就会单调死板。当教师把自己平凡的教学与自我人生价值的实现、学生生命的激扬连在一起时，他们便能达到教学艺术的境界，体会到无穷的乐趣。一个人越爱教学，他便越爱探索教学艺术；越是探索教学艺术，他的精神就越能感受到一种充盈。

◎ 提升教学艺术的方法

1. 不断积累

九层之台，起于累土。一位教学艺术修养比较好的教师，通常在以下几个方面有扎实的功夫：板书基本功、语言（普通话或英语）基本功、学情分析基本功、教材解读基本功、思维启发基本功、媒体运用基本功、教学评价基本功、课堂调控基本功、洞察学生心理基本功等。为师之道，要不断修行，不断学习，苦练自己的基本功。苦练自己的教学艺术，是不断积累的过程。厚积而薄发，一口纯正的普通话，能让你的课犹如董卿的《朗读者》，给学生以美的享受；一手好板书，能给学生带来视觉上的饕餮盛宴；你的教学机智，能将课堂变成成长的乐园，让学生折服。

2. 善于学习

他山之石，可以攻玉。京剧艺术大师梅兰芳说：“不看别人的戏，就演不好自己的戏。”演戏如此，教学也如此。教学艺术的修炼是一个漫长的过程，我们要多向他人学习，用他人之长克己之短。用心观课，而不只是听课。不但要观同行的课，还要跨学科观课，在比较、品评的过程中，批判借鉴，开启思维，找寻灵感。听同行的课时，我们要仔细观察与思考：该教师以何种载体艺术化地诠释本堂课的教学目标，教学目标在何时何地呈现，教师通过何种教学艺术激发学生的好奇心，启发学生的学科思维、学科学习兴趣；跨学科观课时，我们要观察该教师是通过哪种方式帮助学生完成学科建模，以何种艺术化的方式创设任务，实现情境化教学，怎样用生动、活泼的语言展示新的知识内容；观察青年教师的课时，学习他们如何运用新媒体实现“互联网+”课堂；观察老教师的课堂时，学习他们如何博采众长，用简洁不拖沓的方式导入、总结课堂；观察教学效果好的教师的课堂时，更多的是总结、聆听他们如何在追求教育理想的同时，又脚踏实地地抓教学质量。多多学习他人先进的教学方法与授课艺术，博取众家之长，为我所用。

观课后要仔细倾听他人对执教教师的点评，听听大家针对课堂提出的改进意见，课堂如何进行艺术化的加工与改进才能达到最佳的教学艺术效果。通过倾听，再对自己的课进行分析，吸收消化他人之长，结合自身的特点与思路，写出具有自己教学艺术风格的教案，并在教学实践中不断锤炼，这样才能不断提升自己的教学艺术。

3. 积极鼓励

1968 年的一天，美国心理学家罗森塔尔和 L. 雅各布森来到一所小学，说要进行七项实验。他们从一年级至六年级各选了 3 个班，对这 18 个班的学生进行“未来发展趋势测验”。之后，罗森塔尔以赞许的口吻将一份“最有发展前途者”的名单交给校长和相关教师，并叮嘱他们务必要保密，以免影响实验的正确性。其实，罗森塔尔撒了一个“权威性的谎言”，因为名单上的学生是随便挑选出来的。8 个月后，罗森塔尔和助手们对那 18 个班级的学生进行复试，奇迹出现了：凡是上了名单的学生，成绩有了较大的进步，性格活泼开朗，自信心强，求知欲旺盛，更乐于和别人打交道。①

这些学生的进步，主要是积极鼓励的结果，是由对教育对象的尊重、信任、热爱和对其更高的人际期待而产生的神奇功能。可以看出，教师和管理

① 林崇德，杨治良，黄希庭：《心理学大辞典》，上海教育出版社，2003 年版，第 891 页。

者的信任、期待、赞扬与赏识等良性激励，起到巨大的积极作用。作为教师，如能真正理解鼓励的作用，并在我们的教学过程中恰当地运用，会起到意想不到的效果。教师对学生在课堂中的进步进行真诚的表扬与积极的鼓励，能有效促进、激励学生的进步与发展。教学艺术中有一种“三为”艺术，即“定为、装为、成为”。用心去说一个学生是爱学习的，对任何一个人都说他是一个爱学习的好学生，当学生听到别人把自己当作榜样进行宣传时，他便会尝试爱学习。学生一旦进入爱学习的状态，久而久之，便会形成爱学习的好习惯，真正成为爱学习的学生。

三、教学反馈

教师是引导者，学生是学习的主体。我们激发学生的学习积极性，达成教学目标，实现高效教学，一定要采取多种方法，从各个维度对教师的教与学生的学进行评估与反馈。

◎ 教学反馈的概念

教学反馈即教学实施过程中，教师为了科学评估自己是否达成了预设的教学目标，采取多种方式来检测自己的课堂效率与学生的学习效果，并将检测结果进行综合研究与分析，从而有针对性地作出教学策略的调整与改进的过程。它是对课堂前期准备和课堂实施过程中达到的效果的一种检验，反馈的结果越好，证明课堂的准备和实施效果越好，也能进一步帮助落实之后的教学实施。

◎ 教学反馈的类型与特点

从发生的时间来分类，教学反馈分为当堂反馈与课后反馈。无论是哪种反馈，它们都具有以下一些特点。

1. 多样性

教学反馈的方式应该是多种多样的，这样才能对教师的课堂效率与学生的学习效果进行科学全面的评估。一般来说，当堂反馈有以下几种形式。

（1）观察式在讲解教学内容以及学习的重难点时，通过观察学生的学习情况获取信息。教师讲解时应该中速推进，兼顾两头，注意察言观色，及时捕捉学生的反馈信息。教师可从学生的面部表情、发出的声音，以及某些肢体语言捕捉信息。比如讲到诗歌，听得投入的学生会跟着抑扬顿挫地读起来，讲到音乐，也会随着节奏哼起来等。

（2）讨论式。针对学习的重难点组织学生讨论，开展小组合作学习，使学生共同观察探究，在讨论中通过生生互动、师生互动，了解学生对某一问题的理解及看法，从而获得各个层次的反馈信息。

（3）提问式。课堂提问可激发学生的学习兴趣，促使学生积极思维，是督促学生学习的好手段。课堂提问的反应，是学生对所传授知识的理解和掌握程度的一种直接的反馈。教师可以按照教学目标和教学需要，把问题按一定的顺序排列，根据知识点的难易程度和学生的实际情况进行提问，再记录学生的回答情况。提问的内容和发问的时机要把握好，问题要提得具体清晰，符合不同层次学生的接受能力和认知水平，使不同层次的学生都能积极思考和回答问题，从而及时准确地了解不同学生的学习状态与效果。

（4）练习式。课堂上适时地插入一些练习，对某些重难点问题进行达标训练，在巩固所学知识的同时发现问题，了解学生掌握知识的情况。

教师如果要全面掌握自己课堂目标的达成度，检测学生的学习效果，只通过课堂上的反馈是远远不够的，毕竟课堂时间有限。因此，教师可以在课后通过另外一些方式进行评估与检测。下面是一些常用的课后反馈方式。

（1）检查式。课后练习是督促学生对所学知识进行复习与巩固的必要手段，也是课后反馈的重要来源。通过查阅学生的课后练习完成情况，可以检测到学生对课堂上所学知识的掌握情况，哪些知识点掌握较好，哪些知识点还须在以后的教学中进一步巩固。当然，我们要合理设计作业量，科学设计练习内容，细心批改课后练习，记录课后练习情况，才能及时获取有效的反馈信息。

（2）抽查式。教师就某个重要的教学内容，选择不同层次的学生代表进行抽查，也是一种重要的课后反馈方式。这种方式以点代面，能够让教师不用花费太多时间就能大致了解各个层次学生的学习效果。

（3）调查式。对于教学实施过程中的关键问题，教师可以对学生及时展开调查，获得反馈信息。这种方式直接、有效，能快速了解学生的学习情况，包括课堂内容的掌握情况、学生感兴趣的教学方式等，都能通过调查得到了解。

（4）反思式。教师可以引导学生自己建立成长档案袋，全面记录自己的学习情况、对课堂的总结和学习的收获与不足等内容。学生的自我反思，是一种很好的反馈方式。

2. 学科特色性

不同的学科有不同的教学反馈方式。在设计教学活动时，教师应该结合学科特色，设计合理有效的反馈方式。

比如数学这类的理科科目，反馈当以思维方面的考查为主。学生能在理解新知识的基础上，举一反三，运用自如。要达到这样的课堂效果，教师的引入讲解要逻辑清晰，思路明确，设计有思维含量的教学活动，锻炼学生的思考能力。对于英语听说课来说，可以设计多种类型的口头反馈方式，如对话、复述、背诵等。对话可以评估学生的应激能力和口头运用能力；复述可以帮助学生加强对篇章结构的理解；背诵可以反映学生的记忆能力，培养语感。三种方式作用各不相同，交替使用可以从不同层面评估学生语言能力的养成，为教师提供所需的反馈信息。

3. 实际性

教学反馈必须和学情相结合，考虑学生的实际。教师要正确地评估学生的心理特征和学习水平，使用难度适中的反馈内容与恰当的反馈方式，获得真实有效的反馈结果，以便及时调整教与学的行为，让多数学生获得有益的助力。

4. 全面性和及时性

反馈必须全面、及时。由于学生的认知水平不一样，思维品质也不一样，他们在摄入信息方面存在个体差异，因此，反馈信息会呈现多样性。教师既要重视智力因素的反馈信息，又要重视非智力因素的反馈信息。学生的信息反馈给教师，必须是在教师下一步决策完成之前。因此，反馈信息要及时，保证反馈信息的效度和信度。反馈越及时，策略调整越科学，教学效率就越高。

5. 真实性

教学反馈必须准确真实。要使课堂教学信息传播的循环系统运作有效，就需要教师对从学生中反馈过来的信息进行识别和评价，排除干扰，剔除虚假的主观信息，保留真实的客观信息，并以此来调控教学。

◎ 反馈信息的作用

1. 帮助教师科学利用教材资源

教学实施过程中，教师要对教学内容进行深入全面的理解，才能拥有较高的应变能力，对学生出现的偏差与错误及时地评价和纠正，从而推动学生的认知活动向更高水平发展。反馈信息可以帮助教师灵活、创造性地使用教材，科学利用教材资源。教师可以根据实际情况对教材进行取舍，对教材中不适合课堂活动的内容进行替换，控制好教材中教学活动的难度，对教材教学顺序进行调整，以最大限度地提高教学效果。

2. 帮助教师提高备课质量

备课不仅要备教材，还要备学生、备教法。教师通过分析学生反馈的信息，进一步了解学生，深入教材，研究教法，调整教学方案，改进教学。备课要常备常新，要有针对性和创造性，将反馈信息不断体现在教案上，总结教学得失，扬长避短，作出正确的预见与恰当的调整，努力形成自己独特的、易于被学生接受的、科学的教学方案。

3. 帮助教师及时补救教学漏洞

没有学生的反馈信息，教师就无从评价；没有教师的反馈评价信息，学生也难以得到提高。在每个问题的讨论中，要鼓励学生大胆表达见解，每次测试后，都要根据学生的试卷答题情况进行信息反馈。针对学生失误的集中点，分析其原因，纠正其错误，实施补偿性教学，精心设计与重点讲解该知识点的补偿练习。补偿练习要及时、有新意，注意题目的拓展与延伸，使知识网络化、系统化。只要这样，学生才能做到举一反三。对于普遍性问题，教师应在全班进行补救，个别问题可以在课后单独辅导。

◎ 达成高效教学反馈的方式

如何使教学反馈高效、有益，真正起到提高课堂效率与学习效果的作用？教师应该从以下方面着手。

第一，习题精练，突出学生的主体性。练是反馈的主要形式，是教与学不可分割的有机组成部分，也是培养能力、开发智力不可缺少的重要手段，对于学生掌握“双基”是必需的。练习不仅有助于学生理解知识间的纵横关系，了解知识的系统性，而且有助于学生掌握题型，开拓思路，熟悉解法，培养运用知识解决问题的能力。同时，它还能及时反馈学生在知识和能力上的缺陷，是诊断学生学习困难的重要手段。我们必须加强课堂练习，但不能将学生引入“题海战术”。教师必须对习题进行精选，选择具有启发性、典型性、规律性和针对性的习题，采用“多变、多析、多问、多解”的导向法组织学生练习，鼓励学生一题多解，多角度、多层次分析问题，通过“少而精”的练习，达到培养学生思维能力的目的。

“多变”，是指增减练习题的已知条件，或改变设问角度等；“多析”，是指用不同方法分析问题，力争一题多练；“多问”，是指引导学生多问几个“为什么”，对习题进行深入的思考；“多解”，是鼓励学生触类旁通，一题多得。练习过程中，要鼓励后进生，引导他们分析挖掘隐含条件。另外，把一个比较复杂的问题拆成几个小问题，分步设问，解决了前面的问题，可为后面的问题奠定基础或暗示解题的方向和途径。要给学生留够时间，让学生自己动手、动脑，主动发现问题，解决问题，才能培养良好的学习习惯和勇于探索的学习精神。

第二，教师要学习和研究教育心理学，研究教与学双边活动的基本规律，研究学生各种思想行为的表现特点，以及对各种知识和技能掌握的特点，这样才能在课堂上学生的神态表情和细微处获得反馈信息。

第三，教师要富有教育敏感性。教师在教学实践过程中，要善于反思，不断总结经验，提高随机应变的能力。思维要机智敏捷，处理问题要果断，善于察言观色，从学生有意无意中流露出的异样神态作出准确迅速的判断。另外，教师要随时对课堂教学进行调节控制，采用最优教学法，最大限度地传递信息，以获得最佳的教学效果。

总之，教师要采取多元化的形式，获得各种各样的教学信息反馈，并对其进行认真分析和研究，才能实施有机调控，真正达到优化教学过程、提高教学实效的目的。

四、课后辅导

课后辅导，是指辅助、引导在学习上有困难的学生，使他们获得帮助，从而顺利完成学习任务的教学手段。它是整个教学活动的重要环节之一，是课堂教学的延伸部分，是教师检查课堂教学、了解学生情况、实施因材施教、沟通师生情感、提高教学效果的一个重要手段。同时，它还是对课内教学的有益辅助和补充，也是提高学生学习成绩的一种有效方法。

◎ 课后辅导的功能

课后辅导是实现教学相长的重要手段，在教育教学上发挥了很大的作用。

（1）通过课后辅导，教师能够了解学生容易出错和不理解的地方，面对面地指出学生存在的问题，启发引导学生解决问题，以提高学习效果。

（2）课后辅导能够帮助教师了解学生的认知水平、思维习惯。教师对获得的信息进行反思，根据学情及时调整教学设计、教学方法和策略，选取学生容易接受和理解的内容与方式，提高教学效果和教学水平。

（3）课后辅导过程中，不但有师生知识上的交流，也有师生心灵上的沟通。课后辅导拉近了师生的距离，让教师了解学生、深入学生的内心。在辅导学习困难的学生时，教师关心、理解、爱护他们，使他们感受到尊重。和学生交流情感时，教师高尚的人格潜移默化地影响着学生，改变和提升了他们的学习品质。在这一过程中，学生也充分认识了教师，接受了教师对他的爱与宽容，他也会将对教师的爱转移到学习兴趣上，积极响应教师的指引，用努力与主动学习作为对教师的回报。在他成人以后，还会对师恩念念不忘，这正是教育的特殊魅力。

◎ 课后辅导的具体做法

1. 捕捉对象，有的放矢

辅导对象的确立应该面向全体学生，满足不同层次学生的需求。因此，辅导对象既有因故缺课者、学习困难者、存在学习障碍者，又包括学有余力者。辅导对象有的很主动，直接向教师提出问题和要求，有的则需要教师在课内师生互动、作业批改中，师生或家校交流时通过诊断、评价来发现与确立。

（1）课堂互动中的捕捉。教师对课堂教学难易度的确定，主要定位在中等或中等偏上的学生基础上。因此，课堂教学中，少数中下学生必然会理解不透，甚至有些问题在课堂上根本听不懂。教师可以在教学过程中，通过提问、师生交流、学生解答、上课反应情况，诊断学生听课情况，确定需要课后辅导的学生。

（2）作业批改中的捕捉。教师在检查和批改作业时，从学生的解题思路、方法、过程及思维方式等方面，发现他们对课堂教学内容的掌握程度以及对前面教学内容的巩固情况。掌握了每一个学生的学习情况以后，就可以有针对性地进行辅导。

（3）师生交流中的捕捉。当教师在课堂教学和作业批改中发现学生的问题时，可以找学生个别谈话。先让学生讲解答题思路，教师在倾听中把握学生知识盲点，然后点拨学生，让学生有“茅塞顿开”的感受。这样不仅可以准确把握辅导内容，还可以提高学生的提问能力，激发学生的学习兴趣。

（4）家校交流中的捕捉。教师在与家长的交流中了解学生的家庭教育背景，在家学习、生活情况，发现学生学习习惯、学习方法等方面的问题，然后进行有区别的辅导。

2. 重点突出，分类指导

由于学生的层次不同，应该分门别类地进行辅导。我们常说教育学生要

"抓两头，带中间"。"两头"指的是优秀生和学困生。这项工作也就是平时所说的"培优""辅潜"，是课后辅导的工作重点。

优秀生应该以学习引导为主，学习辅导次之。在具体学习目标上，对他们提出更高的要求，如适当增加学习内容，提高知识难度，满足他们如饥似渴的求知欲望。还可以结合原题型略加变通、更改，或要求一题多解，提高学生的综合解题能力。也可以介绍一些优秀的参考书，让他们利用课余时间研究，有问题时再进行指导。

学困生需要教师面对面的辅导和交流。辅导时，按照学生的实际水平降低难度，放慢速度，让学生学明白、弄懂。我们对学生的辅导，大部分时间花在学困生身上。

对于那些问题不多或者学习一般，尚未形成强烈学习兴趣，但有一定学习能力的学生，也就是中等生，教师不能不闻不问，也应适当兼顾，注意引导和指导，让他们"跳起来摘桃子"，向优等生方向去引导。

3. 分析原因，对症下药

课后辅导的重点是"补困"，关键是要找出学生"困"的原因。造成学困生的原因，从教育教学角度来看，是学生内外综合因素作用的结果。

（1）内部原因：包括智力因素、非智力因素（自身情感、行为习惯、学习态度、性格养成等）。

例如，缺乏学习积极性和主动性；上课自控能力差，不愿意听讲、搞小动作，注意力不集中；不能按时完成教师布置的作业，贪玩。

再如，学生学习基础差，跟不上教师的教学进度，容易造成听不懂、偏科、断层等现象的发生。或学习方法不恰当，有的学生存在不善于积累、不善于综合运用知识技能、死记硬背、学习方法不良或者学习习惯不良等问题。这些学生虽然学习很刻苦，但因为上述原因，成绩依然不理想。又或者自信心不足，学困生平时很少得到教师和同学的表扬、鼓励和认可，他们心理上异常敏感、脆弱，易形成挫折感，学习上自信心不足，自卑心理严重。

（2）外部原因：学校教育、家庭经济状况、家庭教育环境、社会环境等因素。

例如，社会和家庭因素。游戏厅、网吧、不良影视作品、手机等不良因素的引诱，使部分学困生长期沉溺其中，不能自拔。同时，父母疏于管理，极易造成孩子厌学、逃学。

此外，还有教师和同学的原因。对于学困生，教师如果因为各种原因忽略他们的心理感受，没有及时给予表扬和鼓励，加上同学对他们的歧视与偏见，容易使他们在心理上产生孤独与失落感。

我们可以根据学生的不同情况进行诊断，分析具体原因，再确定辅导内容。课后辅导内容不外乎以下几个方面：

第一，对因故缺课的学生进行补课。

第二，为学生解答疑难问题。

第三，对学习有困难的学生查漏补缺，夯实基础，给予有针对性的帮助。

第四，对学有余力的学生拓展提高，介绍好的参考书，促进其自我成长。

第五，对学生进行学习目的、学习态度、学习习惯和学习方法的教育。

第六，对学生进行心理疏导，树立信心，激发兴趣。

吴二是何老师高一班的学生，进入高中后，她在学习上很刻苦，但是由于基础知识比较差，自己也没有认识到应该补习一下以前的知识，所以第一学期期中考试，成绩排在班上30名。她和家长都很着急，认为是学习不勤奋引起的。于是，她更加刻苦，早起晚睡，哪怕是寝室熄灯后，还用手电照着躲在被子里看书。期末考试，成绩不但没有进步，反而比期中考试退步了。到了第二学期，吴二已经感到学习更加困难，为了赶上来，平时很少去运动，导致体质下降，学习效果也不好。她百思不得其解，最后鼓起勇气，向教师求助："何老师，为什么我学习这么努力，成绩却总提不上去？是不是我比别人笨啊？"何老师帮她分析了实际情况以及存在的弱点，要求她不断加强基础知识的训练，每天都要补习自己以前没掌握好的知识。因为如果以前的知识没有弄懂，得不到及时的解决，就会影响后来新知识和新技能的理解与掌握。补习旧知识可让知识根基牢固，学习新知识时才不会觉得困难，后面的学习就会轻松有效了。何老师与其他教师沟通好，每个教师都帮她列出补习计划。吴二根据教师列出的计划认真复习，一步一个脚印。因为找准了方向，加上自己的刻苦努力，慢慢地，她终于取得了进步。

吴二在学习上比较刻苦，可是得不到回报。因此，她疲惫不堪，自信心丧失，产生迷茫、困惑甚至自卑心理。教师帮助她找到成绩不理想的原因是基础不好，给她制定牢固基础的具体措施，再加上她刻苦勤奋，功夫不负有心人，吴二的成绩最终得到提高。对于学困生，找到学困的原因是关键，然后对症下药，一定能够脱“困”。

4. 确定课后辅导方式，关注不同层次学生的发展

由于学生在知识技能基础、理解能力、思维能力、学习方法、学习兴趣等方面存在个体差异，他们对课内教学的适应性不同，因此有着不同的辅导要求。教师要根据不同情况，分别制订辅导方案。课后辅导大多采用以下三种方式。

（1）个别辅导。每个学生的学习情况不尽相同，所以个别辅导是教师采用最多的方式，也是最有针对性、最有效的方式。对于个别性的错误，必须进行个别辅导。

（2）小组辅导。有时少部分学生会出现一些共性错误或问题，教师可以进行小组辅导，一次性解决同类问题。

（3）集体辅导。全班大多数学生出现相同的问题时，教师就应该进行集体辅导。不过，集体辅导要控制次数和时间，防止变相增加课时，加重学生的学习负担。

5. 把握课后辅导的基本策略，齐头并进

（1）调节内部因素，启迪学生的心灵。

教师要善于激发学困生的学习热情，将学生的直觉兴趣上升到对理论研究、规律探索的兴趣，并将兴趣内化成一种持久的动机，变成强烈的求知欲望。

磨炼造就学生的意志品质。教师要鼓励学困生用坚强的意志管住自己，将全部的注意力集中在学习上，与自己的惰性作斗争。

教师要反复纠正学困生的坏习惯，使他们认识到养成良好的学习习惯可以大幅度地提高学习成绩，自觉地按照规范化的要求去实践，久而久之，便能有较大的飞跃。

学困生学习成绩差是多方面原因造成的，最主要的原因是学习方法不对。教师一定要对他们进行鼓励，教给他们科学的学习方法，如听课的方法、写作业的方法、复习的方法等。

要经常鼓励学生提问，让学生了解并尝到提问的好处。告诉学生问问题时，教师可以及时了解他们的学习状况、思维习惯和认知误区，有针对性地进行辅导，在教学设计和课堂教学中就更能关注到每个学生，使学生更容易听懂每一节课，成绩提高得更快。反之，有问题，越不问，就越不懂得问，越不想问，问题也就越积越多。学习的路上，“拦路虎”也就越多。

（2）改变外部环境，为学生进步创造有利的条件。

教师要尊重学困生。学困生最怕被人看不起，特别是教师的言行举止往往对学生有决定性的影响。学生提问题时，教师的态度一定要好，全身心地接纳他，始终用良好的情绪、满腔的热情、真诚的言语面对学困生，让学困生敢想、敢问、敢说、敢做。对于学生的问题，一定要采用说理的方法与学生切磋，以理服人，以情感人，创造宽松、民主、和谐的氛围，切不可板起面孔训斥学生，使学生产生戒备心理。

初二物理老师王老师介绍，只要有学困生来问问题，他一般都会这样说：“这是一道比较难的题。”“这道题很多同学容易搞错。”或者说：“这道题很难入手，难怪你不懂。”以此先打消学生的顾虑，再跟他讲解题目，学生就容易接受了。讲解完，他还会对学生这样说：“先提示到这里，不明白再来问我。”有这句话作伏笔，学生若是真的做不出，也会很乐意再来问老师，使学生主动彻底地弄懂问题。从这里可以看出，王老师能够站在学生的角度理解学生，学生从老师那里也得到启示：有问题不懂是正常的，只要问老师，弄懂了也是不错的。

教师可以降低要求。对学困生提出问题时，要找准解决问题的最近发展区，即给学困生补课就要补那些让他经过努力能学得会的知识。

教师在解答学生提出的问题时，可以根据学生的水平选择讲解的详略。学生基础比较好，你可以简单讲一下解题思路和方法，让他自己做下去；遇到基础较差的，就要讲得详细一点，不仅要讲清楚方法，还要把关键的解题步骤、涉及的解题方法说一说。

争取家庭支持。教师要善于与学生的父母沟通，一起为学生营造良好的学习和成长环境。

发挥助手作用。在平时的教学过程中，教师和单个学生在一起的时间比较少，不可能关注到所有学生，这时就要充分发挥小助手的作用。可以将学困生和班上有一定管理能力的学生结成互帮互助小组，由优秀生当“小老师”督促学困生按时保质地完成学习任务，这种方式也能促进优秀生对知识的内化，对他们同样有益。

吴谦是农村来的学生，父母离异，他跟随打工的母亲到城里读书，生活十分贫困。正因为这样，他的性格很内向，不爱与同学交往，很少说话，上课从不发言，学习成绩很不理想。同学们看不起他，讥笑他，他感觉自己无地容身，这就形成恶性循环。他的成绩也越来越差，进入初三时已跌到班级倒数，几乎没有一门功课及格。随后，他出现了不交作业的现象，即便是交了作业，也经常是交的空白本。班主任肖老师为了帮助他，又为了照顾他的自尊，开始不动声色地实施起辅导计划。先是把他的座位安排在讲台旁边，课堂上多关注他。又把班上上进心强、成绩优异且待人热心的同学安排跟他做同桌，暗中帮助他，上课及时提醒他集中注意力。他上课听不懂的知识，不管是哪个学科的教师都在课后耐心给他讲解，平时一有时间就和他交流，及时了解他的思想动向。刚开始，他的表现确实进步了。肖老师与他进行了一次交谈，对他的进步给予肯定和称赞，鼓励他继续努力。

可好景不长。没过多久，他的老毛病又犯了，离中考只有一个多月了，这可怎么办？肖老师分析：任何事情的发生都有原因，相信他的表现一定事出有因。看来，要帮助他，还得找到让他变化的根源。老师和他做了一次长谈，他说出内心的真实想法。他说近来感觉压力太大了。家里，妈妈为了抚养他，虽然起早贪黑，还是挣不到足以维持他们生活的费用，他很想为妈妈分担生活的重担，可什么也做不了。在学校，他的学习很差，总复习了，他什么也听不懂。他很努力地学习，也知道老师和同学们在暗中帮助自己，可成绩还是没有提高。所以，他的心情很不好，已经没有信心再读下去，想尽早回家减轻妈妈的负担。面对无助的孩子，肖老师真诚地提出想帮助他的愿望。鼓励他克服学习上的困难，只要他自己愿意解决，老师和同学都会尽全力帮助他。生活上的困难，老师也会尽力帮助。随后，肖老师暗中发动学生捐助了一些生活用品。老师也找到他妈妈，将吴谦的情况告诉她，请她理解孩子，鼓励孩子克服一切困难，冲刺中考。在多方的努力下，吴谦的学习终于有所好转。

肖老师深入学生的内心，了解学生学困的原因，并针对学生面临的困难，在力所能及的情况下进行解决，从心理上鼓励学生，从学习上帮助学生，从生活上关心学生，从家庭上寻求支持。相信吴谦同学在教师、同学、家长与自己的共同努力下，一定会尽早脱“困”，健康成长。

课后辅导是教学过程的重要环节之一。教师应充分认识到课后辅导的作用和意义，正确捕捉辅导对象，精准把握辅导内容，细化辅导环节，采取灵活多样的辅导方法，提高辅导效果，促使学生素质的全面养成，从而提高教学质量。

第三节　作准教学评价

教学评价是以教学目标为依据，按照科学标准，运用一切有效的技术手段，对教学过程及结果进行测量，并给予价值判断的过程。教学评价的两个核心环节是教师教学工作的评价与学生学习效果的评价。教学评价研究教师的教和学生的学，对教学实施与决策都具有重大的意义。

一、考试测评

考试测评是学生学习效果评价的主要方式，是教学的有机组成部分，是教学质量保障体系的重要一环。它与教学相互依赖、相互促进。有效教学，需要关注“教—学—测评”的全过程。

考试测评是指通过笔试、口试或操作考试，对学生掌握的知识和能力进行测量评价，即测量评价学生“知道什么”和“能做什么”。

本节所谈的是教学考试测评。在教学实践中，教师经常编制试题和使用检测，对学生的学习情况进行评价，如一个单元或模块的教学结束后，教师进行单元或模块测验以对学生学习效果进行验收。一个学期的教学结束后，教师通过期末考试分析学生达成学期目标的程度。

从内容和时间来看，教学考试包括单元考试、模块考试、期中考试、期末考试、毕业考试等。

从评价的功能来看，考试可分为标准参照性考试（其又可分为诊断性考试、达标性考试和激励性考试）和常模参照性考试（即选拔性考试），前者主要用于检查教学效果和反馈教学情况，而后者主要用于各种选拔功能的考试。[①]

考试测评有分析学情、改进教学、达标验收、评比选拔等功能，不同的考试侧重不同的功能。对于教师来说，考试测评是一项重要的专业能力。我们要科学命制试题，准确诊断学情，撰写质量分析报告，改进自己的教和学生的学，促进学生的成长和发展。

◎ 考试测评要有效度

要让考试测评发挥良好的诊断和发展功能，首先得保证考试测评工具——试题科学有效，保证它是准确、有效、有意义的。

以下是某校六年级上册语文第一、第二单元检测卷的课外阅读题。

阅读材料：《夏天的云》（略）。阅读试题共 14 分，如下：

1. 在文中括号里选择正确的字，打上"√"。（2 分）

2. 写出下列词语的反义词。（3 分）

假如——（　　）　　的确——（　　）　　戏耍——（　　）

3. 短文用"‖"划分好了段落，从段落划分中可以看出本文的篇章结构是（　　）（1 分）

①承接　　②总分　　③分总　　④总分总

4. 联系上下文，解释下列词语。（2 分）

目不暇接：________________________________。

横行无忌：________________________________。

5. 根据短文内容填空。（6 分）

第二段中写了三种云，它们分别是：夏天早晨的________，夕阳西下时的________，雨前的________。它们的特点可分别概括为________、

① 黄永丰：《构建与素质教育相适应的考试评价体系》，《甘肃教育》，2002 年第 3 期，第 9 页。

________、________。

本套阅读题共 14 分，其中第 1 题选择字音、第 2 题写反义词、第 4 题解释词语共 7 分，考查的都是基础知识的积累，除了“横行无忌”之外，难度都很低，适合中段年级；第 3 题考查的虽然是篇章结构，属于阅读能力范畴，但过于简单，“总分总”结构应是中段年级学生掌握的内容；第 5 题根据短文内容填空，考查的是直接提取明确信息，稍微细致一点阅读，就可以将关键词摘抄出来，文本难度仍然适合中段年级。可见，本套阅读试题存在三大问题：一是试题的难度与年级不匹配，二是阅读题没有考查阅读能力，三是没有单元目标检测意识。六年级上册第一、第二单元中“注意体会作者是怎样细心观察大自然的，有哪些独特的感受”“体会作者是怎样展开联想和想象，表达这些独特感受的”“体会关键词句在表情达意方面的作用”等单元要素，一个也没有涉及。

这套阅读题用于六年级的学生，能起到有效的单元测评作用吗？能准确评估六年级学生的阅读能力吗？能正确诊断六年级学生的学情吗？不能！原因就在于本套阅读试题测量不出想要测量的内容，也就是我们通常说的效度太差。“效度被界定为‘根据特定用途支持分数解释的那些事实和理论的有效程度’，通俗点说，即对于一个既定的目标，在做出推论和提供解释过程中测评的有用性程度。每个测评都要基于所收集的数据，对评价对象在某个特定领域的表现做出推论，而在推论和解释过程中测量的有效程度，就是效度。”①

◎ 编制考试双向细目表

当测评目标既多样又复杂，涵盖很多知识和认知过程时，编制考试双向细目表就显得尤其重要。双向细目表是根据考试的目的和要求制订的测试内容与目标的具体计划，通过内容和能力两个维度绘制命题蓝图，将考试题目

① 赵德成：《促进教学的测验与评价》，华东师范大学出版社，2016 年版，第 74 页。

的数量、性质、难度、权重等加以细化，用以规范、指导编题和制卷。

株洲市石峰区 2014 年六年级上册语文期末检测双向细目表

领域		序号	内容	能力				难度	题型	权重
				识记	理解	简单运用	分析评价			
听力		1	提取信息	★				低	客观	5
基础与积累	书写	2	卷面	★				低	客观	2
		3	方格书写	★				低	客观	3
	汉字	4	看拼音写词语	★				低	客观	3
		5	辨析字音、字形	★				低	客观	3
	词语	6	选词填空		★			低	客观	3
		7	理解成语		★			中	客观	3
	古诗文	8	古诗文积累与理解	★	★			中	主观	7
	课外积累	9	读书报告单	★		★	★	高	主观	6
阅读	记叙文	10	了解故事人物		★			低	客观	2
		11	概括主要事件		★			中	主观	3
		12	理解人物感受		★			中	客观	2
		13	理解句子含义		★			中	客观	4
		14	理解文章表达		★			中	主观	2
		15	分析人物形象		★		★	高	主观	4

续表

领域		序号	内容	能力				难度	题型	权重
				识记	理解	简单运用	分析评价			
阅读	说明文	16	为作者观点寻找理由		★			中	主观	2
		17	理解文章内容		★			中	客观	2
		18	理解关键词语		★			中	客观	2
		19	推论句子联系		★			中	客观	2
		20	分析说明方法				★	高	主观	3
		21	理解表达意图		★			中	客观	2
	非连续性文本	22	理解图表意思		★			中	主观	2
		23	表达个人观点			★		高	主观	3
习作		24	提供范围习作			★		中	主观	30

对照上述双向细目表，我们会发现：纵向度反映的是教学内容，包括领域、内容，有的还有项目、行为目标描述等；横向度反映的是学生的学习水平，包括能力、难度等。目前，能力层级普遍采用布鲁姆关于认知领域教育目标的分类，即“识记、理解、应用、分析、综合、评价”六种水平，体现了对学生从最简单的、基本的到复杂的、高级的认知能力的考核。根据学科特点和学生认知能力，进行适当整合，如将能力层级整合为“识记、理解、简单运用、分析评价”，也有高考语文将其整合为“识记、理解、分析综合、鉴赏评价、表达应用和探究”。每个考查点在同一试卷中对应一种题型，对应一种能力层次。上述双向细目表中的“古诗文”和“课外积累”分别有 2 ～ 3 个考查点，分别对应不同层次。低年级识记、理解分数比例应高一些，随着年级升高，运用、评价、探究等高级能力分数比例逐步提高。

使用双向细目表命制试卷，可以使试题分布合理，覆盖面广，体现重点，避免想要的考查点被遗漏或重复、交叉出现。教学和考试测评应保持一致性，因此双向细目表还能帮助新教师准确把握教学目标和加强复习的针对性。如果使用考试双向细目表，上文例举的某校六年级上册语文第一、第二单元检测卷的课外阅读试题，就不会出现中高年级错位、阅读题不考阅读能力、缺乏单元目标意识的随意命题现象。

编制考试双向细目表，首先要研读课程标准，细读课本，明晰学科核心素养，然后列出教学内容要点，再列出教学目标清单，最后填写双向细目表。

◎ 命制试题

双向细目表为编写考试题目提供指南，接下来就是依照双向细目表编写试题。试题题型有填空题、选择题、是非题、简答题、论述题等。教师只有以严谨的态度设计或选编试题，确保检测的准确性和有效性，测验才能为教学提供有价值的信息。

某区初三数学模拟卷中出了这样一道题：

4、–5、–6、7 这四个数中，任取两个数相乘，积最大的是（　　）。

A. 24　　B. 30　C. –42　　D. 28

本题中，命题者想要考查的核心知识是有理数的乘法，要看学生是否掌握了“两个有理数相乘，同号得正，异号得负，并把绝对值相乘”的运算规则。但仔细推敲会发现，这道题的四个选项中最大的数是 30，学生如果通过比较选项中有理数的大小而选择 B，能评定他掌握了有理数的乘法规则吗？如果 A 选项“24”改为“–24”，C 选项“–42”改为“42”，就能更准确地评估学生是否掌握了有理数的乘法规则。

好的试题所测量的表现与要测量的学习结果相一致。审核试卷和修改试题也很重要。一般来说，审核试卷要做到以下“十看”。

一看考点是否覆盖。覆盖面广，突出重点考核内容。

二看题型是否合理。如考查英语口语能力，显然应该选择说话或对话，而不用书面填空。各题型比重也要合适。

三看题目是否正确。试题符合新课标理念，无政治性、科学性、技术性错误；体现考试目的，与检测任务相符，能测到的是它所要测的。标准答案、评分标准合理，且具有可操作性。

四看难度是否适中。

五看题量是否适度。题量与时量匹配，通过试做试卷，统计试卷阅读量和答题量，预测学生平均答卷时间。

六看分值是否合适。各题赋分合理，各小题分值之和为该大题分值，各大题分值之和为满分。

七看表述是否准确。题头正确，指导语清晰，题干简明，文字无误，标点规范，符合学生的阅读水平。

八看编排是否恰当。题目顺序安排合理，难度递增，题目之间不互相暗示。

九看卷面是否清晰。试卷文字、符号、图表清楚，字体、字号合适，试卷间距便于学生阅读和作答，印刷效果良好。

十看试题是否公平。无经济、文化、城乡、性别、民族等背景的偏向。

◎ 促进教学的考试测评

评价是考试测评非常关键的一个环节。美国教育评价专家斯塔费尔比姆强调："评价最重要的意图不是为了证明，而是为了改进。"考试测评应从"对学习的评价"向"为学习的评价"发展。

期末考试成绩出来了。一班李老师在班上通报了优秀率、合格率、各分数段人数、最高分、最低分，并下发学生的成绩单，让大家对照分数段找找自己的位置，鼓励大家不断进步。二班盛老师调出大数据进行问题诊断，发现班级默写古诗词整体得分低，反思发现整个学期基本没有进行默写练习，计划下学期落实每周常规默写练习。大数据表明二班习作较上学期整体提升显著，盛老师坚持一贯做法：找出试卷中的典型习作进行批改，并拍照发布在家长、学生QQ群，精选一篇稍加修改，全班赏析讲评，和学生交流习作阅卷标准，让学生对照找差距，确定三五个学生面批诊断具体习作问题……

盛老师还导出学生个人各小题得分数据，让学生逐一审视，列出问题清单，确定改进策略。

上述案例中，李老师运用的就是“对学习的评价”，学生知道考试分数的高低，可能并不知道这意味着什么，更不知道与自己的学习态度、学习方法有什么必然的联系，因此就不可能主动地对自己的学习进行调控。盛老师运用的是“为学习的评价”，通过考试测评诊断学生达成预期目标的程度，了解学生的优势和不足，为进一步提高教学质量提供信息和建议，使教学更有针对性和吸引力，从而有效地促进学生发展。其实，即使是考分相同的学生，也可能有不同的发展，他们在心理发展和智能结构差异上具有多面性和客观性。大数据背后业已显示出来的大量有用信息要用心解读。

“对学习的评价”和“为学习的评价”两个概念虽然只有一字之差，含义却大不相同。对学习的评价，目的在于评分和得到一个结果，不重视分析研究每个学生的试卷；而为学习的评价，重视评价的诊断和发展功能，重视对学生学习特点、发展进步以及潜能结构作个别化的评价，从而促进学生的学习和成长。

新教师不能只学教，不学评，“测”“评”是教师专业能力中的重要成分。我们既要精通教学，又要研究测评；既是一名教学专家，又是一名评价专家。

二、教学反思

《基础教育课程改革纲要（试行）》指出：“建立促进教师不断提高的评价体系。强调教师对自己教学行为的分析与反思，建立以教师自评为主，校长、教师、学生、家长共同参与的评价制度，使教师从多种渠道获得信息，不断提高教学水平。”教学反思已成为教师专业化成长的必备环节。教师的专业水平在不断的实践、反思、学习以及再实践、再反思的过程中得以提高。反思是教师评价的主要方式，对教师的教学实践起到积极的指导作用。

◎ 教学反思的内涵

杜威在《我们怎样思维》中指出，反思“是一种对于任何信念或假设性的知识，按其所依据的基础和进一步结论而进行的主动的、持久的、周密的思考。”我国学者熊川武教授则认为：“反思性教学是教学主体借助行动研究，不断探究与解决自身和教学目的，以及教学工具等方面的问题，将‘学会教学’与‘学会学习’结合起来，努力提升教学实践合理性，使自己成为学者型教师的过程。”教师在完成阶段性教学活动后，进行教学反思，能够总结优点、发现问题、提炼经验，从而优化教学手段，直观教学问题，使教学策略理论化、系统化。它符合辩证唯物主义“实践—认识—再实践—再认识”的认识论原理。

◎ 课前反思、课中反思与课后反思

反思可分为课前反思、课中反思与课后反思。

1. 课前反思是执教者在上课之前进行的反思

教师备课时要对学生的现状、课堂上可能遇到的问题进行估计，反思自己的教学设计是否合理、是否符合学生实际情况、是否能达成教学目标，从而对教学设计进行再修改。课前反思有时是借鉴后的反思，有时是教学设计完成后进行的反思。

（1）借鉴后的反思。

很多教师在上课前会查阅相关资料，比如观看名师执教本节课的课堂实录，了解名师关于这部分内容的教学设计，和身边的老教师进行交流。面对这些名师经验，教师应该根据自身素质与能力以及所教学生的学情，有原则地进行取舍，合理使用，杜绝囫囵吞枣、照搬套用。

《去年的树》是人教版九年义务教育第七册第三组中的一篇精读课文。它讲述鸟儿和树是好朋友，相约明年春天还要回来唱歌给树听。可是第二年的春天，树却不见了。鸟儿四处寻访，最后只找到由树做成的火柴点燃的灯火，于是，鸟儿在灯火前唱起去年的歌。课文告诉学生做人要信守诺言，珍惜朋友之间的情意。王崧舟老师执教这篇课文时，他以四次对话为重点，设计了三次练笔，分别是写鸟儿和树的外貌、对话的提示语以及鸟儿想对树说的话。某位年轻教师在借鉴王老师的做法时就略讲了外貌描写的练笔，重点在第二次练笔上——写对话的提示语，以揣摩人物情感，加深对课文的理解；把第三次练笔放到另外一个课时完成。

借鉴名师的课堂设计时，首先，要考虑自身功底。王老师设计的三次对话涉及不同的内容，名师的功底深厚，年轻教师上班时间不长，课堂教育能力和对文本的解析把握能力尚欠缺。其次，要考虑学情。学生基础不同，接受能力也不同。这位年轻教师在借鉴此教案的时候，没有全部照搬、走马观花，而是择其重点突破，落到实处。

对于华应龙老师执教的《平行四边形的面积计算》一课，某位年轻教师在观摩学习后思考：华老师执教的这个内容在不同的地方上过，每次上课有什么变化？为什么这样变化？同时，他还进行了横向比较。贲友林老师也执教了《平行四边形的面积计算》一课，他们两人的课有什么不同？哪些又是异曲同工的呢？最后再思考，如果自己来执教，会怎么做？这样的思考，既有层次性，又有拓展性，结合自身，还于课堂。

（2）设计后的反思。

当教师完成了教学设计，还没有走入课堂时，需要进行教学设计后的反思。反思可以针对教学目标、教学内容、教学策略与教学环节。

对教学目标进行反思：本节课设定的教学目标是否落实了学科核心素养？目标的起点是否根据了本班学生的实际情况，如果我是学生，这节课会学到什么呢？

对教学内容进行反思：反思本节课的教学内容主要有哪些？对于学生来说，最重要的是哪个？教学的广度和深度对于学生是否合适？

对教学策略进行反思：本节课运用了哪些教学方法？运用的教学策略是否合理，能否有效突破教学难点？课堂上是否让每位学生积极主动地参与了学习？学习过程是不是学生的主动探究过程？

对教学环节进行反思：各个环节是否围绕教学目标的达成而设计？课堂

上提出哪几个主要的问题？有没有多余的无效问题？设计的问题是否有思考价值，能否有效突破教学难点？教学设计对于不同的学生是否有不同的关注？

陈老师执教《最后一头战象》时，开始拟定的教学目标如下：“会写11个生字。正确读写‘日寇、埋葬、焦躁不安、漫不经心、久别重逢’等词语；有感情地朗读课文；能用自己的话讲讲这个故事；用较快的速度阅读课文，能提出不理解的问题，与同学一起探究解决；紧扣神态与动作展开想象，走进嘎羧的内心世界，既感受嘎羧善良忠诚的高尚情怀，又体悟作者运用细腻的描写来塑造嘎羧的形象的表达方式。”

进行课前反思时，她发现语文学科核心素养主要是“语言建构与运用”“思维发展与品质”“文化传承与理解”“审美鉴赏与创造”。简单地说，四个词：语言、思维、文化、审美。而自己确定的教学目标过于窄化，就文而文，不利于学生语文素养的培养。经过思考后，她将目标修改为：“正确、流利、有感情地朗读课文；引导学生朗读、品悟关键词句，抓住具体化的动作、神态描写，体会战象嘎羧善良、忠诚的高尚情怀；通过讨论交流、阅读迁移，初步感知沈石溪动物小说的艺术特色，激发学生阅读动物小说的兴趣。”她的这节课取得了良好的教学效果。

教育的本质是素质教育，每个学科都应该完成该学科要培养的人的某些方面的特定素质，落实学科核心素养。陈老师让课文成为阅读的载体，大力激发学生的阅读兴趣，引导学生在学习中习得方法，积淀人文底蕴，真正促进学科核心素养在教学中的落地。从平时做起，从每一处教学细节做起，学科核心素养无处不在。

2. 课中反思是执教者在授课之时的即时反思

在各个环节的教学中，教师要细致观察学生的学习状态与学习效果，思考自己的教学行为是否恰当，并根据不同的课堂情况灵活调整授课行为。一般来说，经验越丰富的教师，课中反思的能力越强。新教师可以逐步尝试课中反思，积累经验，锤炼教学行为，提升教学能力。如果一开始觉得课中反思难度较大，可以先从课前反思与课后反思做起。

3. 课后反思是执教者在上完课后进行的反思

教师针对课堂上的教学效果、教师教的情况、学生的学习状态、课堂上的生成事件等进行思考，总结经验，汲取教训，从而提升自己的专业水平。进行课后反思时，可以反思成功点、失败点、生成点和再教设计。

（1）反思成功点。

教师在课堂上能很好地诠释教学设计，达成教学目标。面对生成问题的恰当处理；教育学、心理学基本原理的合理运用，引发学生共鸣的观点；教学策略上的改革与创新等，都是教师课堂上的成功点。教师在课后要及时记录下来，不仅可以为自己今后的教学提供参考，也可以在此基础上不断完善，改进教学。

夏老师是个教龄将近 20 年的老师，她执教完《月光曲》后，写道：怎样提供一个良好的研究平台，使学生有兴趣研究如何运用联想和想象表达真情实感呢？课的开始，我设计让学生结合课文第 9 自然段的内容，找出哪些是描写实际存在的，哪些是事物引起的联想，通过指导学生将联想与实际存在的画面进行对比，引发学生深思“如何运用联想和想象表达真情实感”。这不仅符合学生的年龄特征，而且将核心知识巧妙融入其中，大大地激发学生思维的积极性、主动性，让学生带着问题投入探究活动，在课堂上踊跃发言。

合适教学策略的使用，可以让教学起到事半功倍的效果。联想和想象本就非常抽象，夏老师将其具象化，并运用比较的方法，使得学生化抽象为具体，初步掌握“联系当时的情境，依托自身的生活经验，是展开联想和想象的基本方法”，为学生的单元课文学习作好铺垫。

（2）反思失败点。

无论是哪节课，无论是哪位名师执教，即使是再成功的课堂，也难免有疏漏失误之处。对这些问题进行回顾梳理，并对其进行深刻的思考、剖析、探究，可以为以后的课堂提供借鉴，使教学更上一层楼。

易老师是一位美术教师，她在执教二年级美术课《花格子小牛》时发现，自己在课堂上组织学生进行方法探究的问题比较模糊，针对性不强；在学生作出回答时，也没有归纳总结学生的答案。这些问题导致学生的作品不是很成功：画的格子的大小不当；牛的头部和身体的格子没有形成反差，形象不够鲜明；颜色不够纯净；色彩搭配失调，没有视觉美感。

学生是课堂的主体，教师是课堂教学的引导者，在课堂上设计的每个环节、每个步骤都要对学生学习活动有明确的指导。易老师在课后反思中发现，课堂问题设置的指向性不够明确，导致学生思路不对，无法回答。这节课后，相信易老师的课堂教学问题会设计得更有针对性。

（3）反思生成点。

课堂教学中，随着教学的步步深入，往往会发生一些偶发事件，有时是教师对于教学的灵感迸发，有时是学生回答的机智，有时是外界因素的影响。面对这些突如而至的“火花”，若不及时捕捉与利用，便会因时过境迁而烟消云散，令人遗憾不已。对这些课堂生成进行及时的课后反思，可以为今后的教学积累经验。

唐老师是一位年轻的美术教师，她用自己的教学智慧呵护着学生的童心。一节美术课后，她这样写道：“刚开始看到马鹤轩小朋友挥起大笔画了几道色彩斑斓的线条，画面上线条清晰，色彩干净，我满意地看了一眼他的作品，便转身指导其他小朋友。当我再次走到他面前时，画面上有一大半已变得又脏又模糊，而他正举着用来擦水的抹布用力地擦着仅存的一小块‘干净的彩虹’。我没有阻止他，而是站在他身后继续观察。这时整个画面已完成，色彩的混合使得画面有一种朦胧、柔和的感觉，还泛着一种灰色调。马鹤轩显然对他的杰作很满意，又拿了一张新的画纸，如法炮制了一张‘朦胧画’。就这样，他迅速地完成三幅作品，眼睛中闪烁着快乐和自信的光芒。

我突然反思，自己是否已经偏离了本心，就像这两种画，一种是小朋友自己发挥想象的自由表达；另一种，是按教师教授的方法，去模仿画出来的。这两种不同的艺术教育，就对学生的想象力产生了不同的影响。儿童艺术是记忆加想象，加上他自己的感悟和理解来展现；不是非得要求他很真实。马鹤轩的随意涂鸦是学生创意的闪光点，成年人看画往往从技法、技术上去看，而忽略了儿童所要传达给你的东西。课堂小结时，我把他的画展示给了全班学生欣赏。”

唐老师面对学生的自由作画，没有阻止，而是继续观察，最后把画展示给全班学生欣赏，肯定了学生的创作，保护了学生的童心，培养了学生的绘画兴趣。在反思记录中，唐老师的教育初心得以洗涤，不仅提升了教育能力，心灵也得以升华。

（4）反思再教设计。

一节课结束，回想起来，总会有一些成功或者失败之处。面对这些，如果再遇到相同内容的教学时，应该怎样处理呢？教师可以在课后及时把自己的想法、感悟记录下来，为再次教学作好准备，做到扬长避短、精益求精，把自己的教学水平提高到一个新的境界和高度。

刘老师是一位执教语文多年的成熟型教师，她执教了《秦兵马俑》一课。这节课的重点就是联系课文资料，体会兵马俑的类型众多，形象鲜明。课后反思中，刘老师这样写道：针对这一教学重点，我主要设计了三个大问题：课文主要向我们介绍了哪几种类型的兵马俑？它们有着怎样的鲜明形象？仔细读读课文，选取你喜欢的一个兵马俑介绍给大家，并说说你喜欢的原因。执教这一部分的内容时，学生的兴趣浓厚。可我感觉留给学生的阅读感悟时间少了，给人的感觉像是在做表面文章。我想，造成这种现象的原因主要是问题设计得不够合理，教学没有抓住重点。每个自然段的教学时间几乎是平均分配，教学节奏没有变化。或许在教学中，我要先以“将军俑”为例，具体分析一下它的鲜明形象，并指导学生朗读，然后再让学生照样貌来介绍、分析其他兵马俑。这样做，才是真正“授之以渔”。

刘老师从课堂中学生的回答、状态等感觉到教学问题设计的不足之处，并针对这种不足进行了思考。在课后，她写下自己的再教设计，精益求精，将教学水平提高到一个新的境界。

◎ 反思中应注意的问题

进行教学反思时，要以当前国家教育理论思想为指导，落实学科核心素养；要为课堂教学树立正确导向，不能只凭借自己的经验解决问题；要以教学实践为基础、课堂教学为核心，在实践中不断提高专业水准；要以学生发展为中心，教学与反思的过程中要体现学生的主体地位；要关注细节，各种细节都能成为反思的切入点，切忌大而全。

写教学反思，有思则长，无话则短，贵在及时，持之以恒。以写促思，以思促教，长期积累，达到积跬步至千里、积小流成江河之效果。

教学是一种专业性很强的特殊活动。教学所要实现的，不仅仅是知识的传授、学生智力的发展与能力的提高，更重要的还有对他们品德的锤炼与个性发展、素养提高的促进。教师要不断更新教学理念，锤炼教学技能，在授课前精心作好教学准备，合理组织课堂，通过艺术的讲授与引领达成教学目标，采取测评与反思等手段，及时对前段教学活动进行评估与反馈，以不断尝试探索最优的教学方法，最终达到教书育人的目的。

第三章

做好班主任工作

班主任是学校中全面负责一个班学生的思想、学习、健康和生活等工作的教师，是一个班的组织者、领导者和教育者，也是一个班中全体任课教师教学、教育工作的协调者。班主任与任课教师的区别在于，任课教师只负责本学科教学，而班主任除此之外全权负责管理一个班级。那么，怎样做好班主任工作呢？本章从班主任的基本职责、班级管理策略、班级管理目标三个方面进行阐述。

第一节　班主任基本职责

班级是学校进行教育教学活动的基本单位。班主任是班级的组织者和指导者，肩负着具体贯彻党的教育方针，实施学校教育教学计划，沟通师生、学校与家庭以及社会之间的联系，落实学校育人目标，推进全面素质教育的职责。班主任应面向全体学生，促进学生全面发展，成为学生的良师益友。

一、构建三个关系

每个班级都是一个相对独立、人员相对固定的集体，班主任是班级的核心。要建设好一个班级，班主任需要处理好各种人际关系，特别是要处理好和学生、家长、任课教师的关系。

◎ 班主任和学生的关系

亲其师，信其道。学生爱戴老师，信任老师，亲近老师，才有可能较好地接受老师的教育。因此，建立良好的师生关系，是建设优秀班级、引导学生健康成长的前提。

良好的师生关系最重要的内涵是民主平等。如果过分突出“教”和“管”，而忽视了“民主”与“尊重”，就会导致学生反感，从而影响教育效果。

一位学生上大学后，给他的高中班主任写了这样一封信：

老师好：

我已到清华大学报到，开始体验崭新的大学生活！

高中时我特别喜欢上您的语文课，喜欢您在课上激情挥洒的大气洒脱，可惜我们大学再也不开语文课了，我是多么怀念我的高中生活。

……

对了，高三时您在班上经常发火，我觉得没必要。一两个学生做得不好并不代表大家都做得不好。您的工作本来就很辛苦，保持快乐的心情最重要。还有，经常发火容易伤身体，而且会让我们和您产生距离。其实，大家都很喜欢您微笑的样子，美美的，可爱极了。

祝老师每天好心情，笑口常开！

面对学生的委婉批评，这位班主任在她的博客中写下一段深刻的反省：

育人心切，处理不当，让人冲动、急躁、忽略规律、急功近利。我曾让早读课迟到的学生站在教室门口读书，却很少过问迟到的理由；总是责备那些打瞌睡的学生，却从不探究瞌睡背后的原因；心情不好时，会把学生没有做完的练习册摔到门外，却没有在课后与他促膝长谈；会直接通知家长将偷偷上网玩游戏机的学生带回，却从未反思此举给学生、家长和我本人带来的紧张和创伤。我还冲动地当着全班学生的面对一个顶嘴的学生大声咆哮……当学生做得不够好时，批评总是多于鼓励；当学生犯错时，训斥和拍讲台是我常用的“镇压”手段。我已习惯于用一些世俗的标准去衡量学生，偏爱成绩优秀、听话守纪的“好学生”，忽视那些调皮捣蛋、不思进取的“差生”。如果有机会，我想对那些曾经被我伤害的学生说声“对不起，请原谅老师的年轻”。

这位教师现身说法，反面示例，提醒成功的班主任在处理师生关系时要遵循民主的原则。只有尊重学生人格，保护学生的自尊心，和学生平等相处，以心灵赢得心灵，学生才有可能对班主任产生亦师亦友的深情。具体来说，班主任要在以下几个方面下功夫。

首先，有爱心。教育必须有爱，育人得先育心。班主任要坚守“不抛弃，不放弃，有爱心，有信心”的信条，做到“眼里有人，心中有爱”，引导学生学会爱人、爱校、爱国，让学生在满满的正能量中健康快乐地成长，只有这样，师生关系才会融洽，班级凝聚力才能增强。

其次，有责任心。教师肩负着为国家培养合格劳动者和接班人的重任，要为把学生培养成未来合格公民打好基础，使学生具有追求真善美的情怀。崇高的职责和使命感，能让班主任在和学生的交往中全心全意地为他们服务。

最后，有耐心。人的教育受很多因素的影响，不像工厂制作产品那样可以程控。我们可能有时会有种瓜得豆甚至颗粒无收的无奈。但班主任要明白，教育是个等待的过程，也是一个漫长的过程。天下的植物不可能在同一时间开花，也不可能经过同样的时间便成熟，它们时早时晚，时长时短，各有因果。教育学生也是如此，很多时候，学生的豁然开朗、顿悟清醒，也许就在我们耐心等待后的那一刹那。

从某种意义上说，班主任能否跟学生建立良好的关系，取决于他是否能跟学生建立民主、平等的师生关系。班主任应该不断探索、尝试，优化与学生沟通的方式和策略，赢得学生的信任和热爱，并努力让学生把这种信任和热爱转化为对教师所教学科的爱，转化为对班级的爱。更重要的是，要把这种信任和热爱转化为对知识和真理的终身追求。

◎ 班主任和家长的关系

没有家长的参与，很难有完整的优质教育；没有家长的支持，班主任在班级建设和对学生的教育中，就缺少了一股重要的支撑力量。家长也是老师，是孩子的第一任老师，甚至是最重要的老师。但是，由于文化水平、个性特点、职业背景、家庭环境、成长经历等诸多因素的影响，能当好家长的并不多。不少家长很难说是有水平的教育者，个别家长甚至是不合格的。

请看下面这个例子：

有一个跟着父亲生活的单亲家庭的女生，有明显的抑郁倾向。经医院检查，她确实患有抑郁症，需要住院治疗。但是家长不相信，不接受诊断结论，他认为自己的孩子只是有些内向。班主任多次致电该家长，但该家长不接也不回电话。僵持了三天后，学校心理健康教育中心的教师和班主任一道去家访，家长回避不了了，才勉强进行正面对话。家长表示：孩子没病，有病也不需要学校负责，并且愿意写下保证书，如果有什么问题，责任自负。学校教师诚恳地对这位家长说，谁负责并不是最重要的，重要的是孩子有病，应该及时治疗。平时孩子患上感冒，家长都非常着急，抑郁症也是一种病，同样应该得到重视和治疗。

家长为什么不愿意给孩子治疗呢？因为家长不清楚抑郁症也是一种病，或者是感觉得了这种病没面子，所以作出了这样的反应。以上事例告诉我们，班主任肩负着引导、教育家长的责任。

学校教育、家庭教育和社会教育是三位一体的。教师特别是班主任要千方百计地加强与家长的沟通和互动，凝聚正能量，促进学生进步与发展。这不仅是班级建设之必需，而且意义深远重大。

◎ 班主任和任课教师的关系

班主任和若干任课教师构成一个班级的教育团队。要培养一个健康发展的优秀班级，仅有班主任的努力是不够的，必须整合教育团队所有成员的教育智慧与力量，才有可能实现班级培养目标。要将一个班级的教育团队整合成分工明确、团结协作、战斗力强的队伍，班主任处于核心位置。

班主任与任课教师的关系有多重要？从下面一位班主任的工作总结中可见一斑。

我很庆幸，我们班有一个业务精湛、作风严谨、精诚团结、无私奉献的教师团队。我经常主动和任课教师交流学生中存在的问题，寻求解决的办法，仔细分析学生的考试成绩与行为习惯，弄清楚后进生的范围，然后重点突破。任课教师发现班上出现问题，他们总是及时向我反映，我都会尽力协调解决。

班主任怎样做才能和任课教师形成团结协作、战斗力强的教育团队呢?

首先，班主任要摆正位置，主动成为班级教师团队的核心。班主任必须有明确的教育思想与先进的教育理念，并将这些教育思想与理念转化为全体任课教师的共识，并尽可能达成一致行动。只有这样，学生才能从所有任课教师那里获得一致而不是矛盾的要求与指导。

举一个例子来说明：

学生迟到怎么处理？这是教师常碰到的问题。不同的教师有不同的处理办法：有的教师要求学生喊“报告”，然后入座；有的教师会要求学生详细解释；有的教师会视而不见，任由学生从后门溜进教室；有的教师干脆交给班主任处理。某学校一位班主任李老师带班时有一个做法，如果学生迟到，必须向当堂教师和全班同学说一声“对不起”，得到教师和其他同学的允许方可入座，如有需要，下课之后再做其他处理。李老师这样做的目的是，教育学生认识到自己的一举一动可能影响自己的同学，影响教师。一个人的错误行为，不管原因是什么，首先要对有可能造成损害的对象表达诚挚的歉意。就是这么一个教育和管理举措，要达成一致，也不是一件很容易的事情。每带一个新的班级，李老师都是经过多次的沟通、督促，任课教师才能协同做到这一点。

其次，班主任负责协调学生与任课教师之间的关系。学生跟班主任的感情往往要深一点，跟其他任课教师的感情往往淡一点。一位成功的班主任，除了让学生认可自己，也能引导学生尊重所有的任课教师，使整个班集体和教师团队之间形成和谐的人际关系。

总之，协调与学生、家长、任课教师的关系是班主任工作的重要内容，是一位成功的班主任的必修课。班主任要千方百计地加强与他们的沟通和互动，统一思想，凝聚力量，不断促进学生的进步与发展。

二、落实日常管理

班级日常管理是班级工作的基础，是班级正常运行的必要条件。班级建设从班级日常管理开始。

◎ 班级日常管理的实质

日常管理是班级管理的主要形式，是班级建设的重要手段，是班级日常运行的重要方式，是教师更是班主任的常规工作。对学生的教育培养，对各项管理目标的达成，均须在班级日常管理的过程中来实施。因此，班级日常管理是完成班级成长的必由之路，是学校教育理念的体现，也是国家育人目标的体现。

什么是班级日常管理？我们引用一位班主任的开学工作总结来阐述：

高一刚开学，我就根据学生的个性特点、升学成绩、性别、职务等差异，均衡地将班上 39 个学生分为 6 个学习小组，选出小组长后，指导他们根据每个同学的实际情况安排相应的任务。在第一周的班会课上，根据学校的各项规章制度，布置每个小组起草一部分班规，汇总后在第二周的班会上进行修改、表决。第三周，各小组就按新班规实行考核。每周五，小组长将各小组的活动情况进行总结，由班干部根据该小组一周的表现进行计分，实行量化管理。其中，学习委员（负责课堂表现、作业、考试）、体育委员（负责“两操”）、副班长（负责出勤）、卫生委员（负责卫生）、班长（负责总结）各司其职。我每周将总分进行排名并公布。每月一次汇总，对总分前两名的小组进行表扬和奖励。

这是一位非常有经验的班主任，新班一开始就安排得井井有条，重点突出。“天下大事，必作于细。”班级管理是一个系统工程，只有做实做优日常管理的每一个环节，才能使班级建设朝着良性方向发展。

◎ 班级日常管理的主要内容

班级日常管理包括学习管理、课堂管理、出勤情况、传染病防治工作（如晨检和午检、因病缺勤学生情况追踪）、教室卫生、公共区卫生、学生仪容仪表检查、大课间活动、眼保健操的组织、每天一小时锻炼组织、中午静校管理、晚自习组织管理、住校生就寝与生活指导、家校联络平台管理、班级日志处理以及对学校日常考核响应等。还有一些工作也是常规工作，虽非每天必做，但实际上也是日常工作，如升旗仪式、班团活动、编排座位、培养干部、每周工作总结评比、班会课、黑板报、每月评比表彰、召开家长会、学生评价、综合实践活动、学生成长档案袋、综合素质评价、课外活动等。

班级日常管理的事情多而杂，最重要的是以下两方面的工作。

第一，组织和指导学生进行文化学习。文化学习是学生的主要任务，让学生达成学习目标是班级管理的首要任务。学风浓郁，学生学习成绩好，是优秀班级的主要特征。教师尤其是班主任，在日常管理中要营造良好的学习秩序，创造学习条件，指导学习方法，尽可能地调动学生学习的积极性。在学习管理中，一般从以下方面入手：加强对学习意义、学习目标、学习动机的教育，指导学生制订学习计划，督促学生形成良好的学习习惯，优化学习环境，营造学习氛围，指导学习方法，形成学习纪律，进行学习评价等。

第二，重视和抓实学生养成教育。学习管理与行为习惯养成是班级日常管理的两条主线，缺一不可。中小学生正处于学习文化与适应社会的重要阶段，养成教育是重中之重。可以说，行为习惯是表象，思想品德是本质，良好的思想品德往往表现为良好的行为习惯，行为习惯的养成教育又可以促进思想道德的转化。因此，和文化学习一样，养成教育也是终身教育。诸多研究表明，习惯越早培养越稳定，也越容易融入人的个性品质。但是良好习惯的养成不是一蹴而就的，是在日复一日的反复训练中形成的，因而养成教育成为班级日常管理的重要内容。

在班级日常管理中，怎样达成养成教育的目标呢？

一要强化规则意识，在日常管理中督促学生遵守规则。所谓“知为先，行为后”，班主任首先应该让学生知道好习惯成就美好人生的道理，也就是从学生的认知特性出发，从小培养。大至党纪国法，小至校规班纪，班主任要经常组织学生学习，让学生明确怎样做，为什么这么做，以及如何去做，使他们更清楚地知道什么是对的，什么是不对的。

二要将养成教育日常化。天天如此，强化训练，反复抓，抓反复。这是每一个教育者的职责，要将其贯彻到班级日常管理的全过程。要从小事抓起，从细节抓起，如仪态之礼、餐饮之礼、出行之礼、交往之礼、学习之礼、观览之礼。又如，整理书包的训练、读写姿势的训练、上下学站队进出校园的训练，培养学生在楼道里右侧行走、公共场合不大声喧哗的习惯等。

三要言传与身教并行。班主任要以身作则，率先垂范。在学生眼里，教师是神圣的，是自己模仿和学习的对象。教师的举止会潜移默化地影响学生，每一个行动都是对学生的无言教育。

四要树立先进典型，促进学生行为习惯的养成。榜样的力量是无穷的，对表现突出的学生进行有意或无意的表扬和暗示，会促使学生产生强烈的荣誉感，提高他们的自控能力、自觉性和意志力，做到知行统一。

五要注意运用评价的手段。班主任对学生的评价是一根“指挥棒”，能引领学生发展的方向。在日常工作管理中，班主任要善于用评价手段激发学生某种内在的需要，从而使学生奋发向上。同时，科学的评价能让学生知道自己的优势和劣势，扬长补短。

◎ 班级日常管理的原则

班级日常管理是班级建设中的基础性工作，可以说无所不包，无时不在。虽事无巨细，但万变不离其宗，只要抓住以下原则，就能把握班级日常管理的关键。

1. 正面引导的原则

正面引导是一种不采取强迫手段，抓住学生的兴奋点和兴趣点，有针对性地顺势引导，让学生在不知不觉中接受教育的方法。请看下面一个事例：

团委通知下周升旗仪式由某班选派旗手，该班班主任杨老师决定趁此机会在本班进行一次正面教育活动。首先，他组织全班学生讨论旗手的标准，经过激烈的辩论，全班学生一致认为担任旗手的学生应该具备以下两个条件：一是应该是同学学习的榜样，是德、智、体、美、劳全面发展的学生；二是旗手作为本班的代言人，在全校师生面前亮相，应该在全校有一定的美誉度或影响力。确定标准以后，班长组织全班学生投票，最后选出三位表现优秀且基本符合条件的旗手。

很显然，这位班主任通过民主公开选拔旗手的方式正面引导学生明白努力的方向，懂得应该成为什么样的人。

2. 民主管理的原则

在班级日常管理中，应尽量采用民主的方式。民主体现了以人为本的现代管理理念，维护了班级所有成员的义务和权利，也集中了全班人的智慧。每个学生既是管理者，又是被管理者；既是班纪班规的制定者，又是维护者和执行者。这样民主管理班级的方式，更易被学生理解和接受。

3. 全程全方位管理的原则

日常管理须渗透在学生学习生活的各个方面及整个过程，全时段、全方位参与，才能更好地发挥日常管理的作用。一位资深班主任在培训会上强调了班级管理全程、全方位的特点：

班级管理不是一次性的，而是全时段的。从学生进校到毕业离校，管理要自始至终，每一学期都要给学生做好一份成长档案。这份翔实丰富的成长档案，需要从日常管理中收集真实资料与具体数据。学生进校以后，管理应该渗透到每一天、每一周、每一月、每一学期。比如，每天从起床、晨读起，到上午学习、就餐、午休、下午学习，再到课余活动、晚自修、就寝，包括就寝纪律、睡眠质量等，都要关注，几乎做到24小时全时段无缝管理。

可见，班级管理不是哪里有问题才管哪里，而应该是全程、全方位的系统工程。班级管理内容庞杂，覆盖面大，理想信念、遵纪守法要管理，学业内容、学习方法要管理，体育锻炼、心理素质要管理，兴趣特长、审美感受要管理，劳动实践、研学活动也要管理。总而言之，班级管理应该兼顾德、智、体、美、劳、心等方面，尽量做到不留空白。

4. 言传身教的原则

班主任工作是塑造学生灵魂的工作。在学校，班主任陪伴学生的时间最长，开展的活动最多，接触面最广，对学生的影响最大。在学生面前，班主任就是一面镜子、一本书。因此，规范学生的行为，班主任首先要规范自己的行为，真正做到为人师表。有一位班主任这样说：

作为一名班主任，要求学生做到的，我首先带头做到；要求学生讲文明懂礼貌，我首先做到尊重每一位学生，从不挖苦讽刺他们；教育学生要搞好团结，我首先做到和任课教师搞好团结，和学生做知心朋友；要求学生书写认真工整，我在板书时首先做到书写规范。

显然，该名班主任的言行举止已经成为一种无声的教育，这样的班主任必然会赢得学生的爱戴。

班级管理皆小事，班级管理无小事。班级建设目标的达成正是寓于日常小事的管理之中。把平凡的事做好即不平凡，把简单的事做好即不简单。抓严落实日常管理，是优秀班级建设的基石。

三、建设班级文化

班级文化建设是学校文化建设的重要组成部分，既是班级的外在形象表现，也是班级生命活力的体现。美化班级的墙壁文化，建设班级的制度文化，打造班级的精神文化，有利于班级德育和学科教学等各项工作的顺利开展。

◎ 美化班级环境

教室是学生在校学习、生活、活动的重要场所，怎样美化教室，让学生乐在其中呢？我们可结合学校特色德育课程、班级创意活动、学科特色活动等元素，美化班级环境，形成特有的班级风貌。

1. 精心装点每一面墙壁

利用好教室内外的每一面墙壁，努力让墙壁“会说话”，能育人，以激发学生的求知欲望，增强自我管理能力。

首先，让黑板报充分发挥教育作用，成为锻炼学生能力的有效平台。

开学时，以“新学期”为主题，通过教师寄语、好习惯歌谣、安全小诗等内容，对学生进行新学期的鼓励和收心教育；在学雷锋日、六一儿童节、国庆节等重要的日子，通过绘制节日的来历、趣事、诗歌等内容，增添节日氛围，让学生了解相关小知识；还可结合学校德育课程主题来设定，如某学校春季德育课程主题为“春·绿色·珍爱生命”，教师就通过描绘春季景物，书写春季小诗和生命成长的故事，让学生浸润在一片生机盎然的春意中。

总之，板报内容可从学科学习到思想教育，从趣味知识到文体艺术，可谓丰富多彩。

其次，给每一面墙壁开设特色小栏目，丰富教室内外的墙面文化。

株洲市芦淞区栗树山小学就充分利用教室后墙的墙壁空间和室外走廊墙壁，开设了“青青栗园，助我成长”的班级阳光班评比栏、“书香润栗园”的阅读分享栏、“争做美德小栗树”的德育展示栏和“科科出状元”的学科展示栏。在班级评比栏中，学校每周的阳光班、每次活动的优秀班以及书香班级的表现，都通过贴章的形式展现出来，它是一块增强班级凝聚力的班级评比展示栏。而学生的征文作品、德育主题手抄报、绘画作品、实践活动照片、阅读推荐卡、优秀作业等，都各有展示的一方天地。这样有特色的班级文化布置，将评比、阅读、德育和学科融合在一起，给予学生各方面的展示平台。

有的学校或班级重视国学氛围的营造，开设了“翰墨书香”的墙壁文化，将教室内墙壁的空白处悬挂上学生的书法、国画、篆刻作品。学生走进教室，就沉浸在浓浓的国学墨香之中，既增长了见识，又陶冶了情操。

2. 打造特色文化角落

可利用教室或周边的空闲角落，打造书香角、植物角、科技角、英语角、手工角等，为学生营造读书的一方净土，种上学生喜欢的小植物，摆上学生的手工作品，让教室内外充满生机与情趣。

◎ 完善制度，建设制度文化

制度能管人，也能育人。在建设班级制度文化方面，班主任应把工作重点放在“把班级还给学生”上，在班规的拟定、落实、执行过程中，充分体现学生的自主性，培养他们的自觉性，发挥他们的积极性。

1. 拟定班规，体现自主性

班规对学生是一种约束，一种引领，是学生发展的方向。如何让学生从心理上接受那些冷冰冰的硬性规定并自觉遵守呢？我们要遵循以下原则。

（1）共同制定原则：班规的制定，要从班级实际出发，由师生共同参与制定。这样的班规，综合了师生的意见，更科学合理，也更有利于推广执行。

（2）奖惩分明原则：对未成年人要多一点常识教育，奖惩并举，没有惩罚的教育不是最好的教育。当然，班规的制定要以人为本，体现人性关怀，允许学生犯错，允许不过分的重复犯错，因为成长本就是一个不断试错的过程，切莫让班规成了扼杀儿童天性的教条。以奖励为主，惩罚为辅，奖惩分明，才能进退有度，激发干劲。

（3）趣味性原则：可把班规自编成押韵、朗朗上口的歌谣，以引导学生养成良好的行为习惯，提升道德品质。下面展示几条班规供大家参考：

“十大习惯”：升国旗时要肃立，微笑问好懂礼仪。他人讲话耐心听，说了就要去努力。天天锻炼不挑食，楼梯右行不拥挤。别人东西莫乱动，文明观赛不失礼。东西用后放原处，卫生保持记心底。十大习惯要养成，学做真人争第一。

“课堂守则”：坐如钟，站如松，挺胸抬头背不弓。回答问题先举手，积极发言要大声。

“课间纪律”：下课铃声响，安排要得当。楼道内，莫喧哗，轻声慢步，提前进课堂等。

2. 定岗定责，培养自觉性

通过角色配置，让每个学生在集体中担当一定的管理角色，根据学生的个性特点进行岗位职责分配，激发学生的班级管理热情，调动每个学生的积极性和主动性，增强班级凝聚力。

例如实行小干部培养制度，民主选举产生10个班干部，半学期或一学期一评，由同学考核，得票前6～8名为优秀班干部，淘汰2～4名，再民主推荐2～4名学生上岗。这样免除了班干部的“终身制”，让多数学生得到锻炼，也给在任班干部鞭策。还可实行值日班长制度，每天轮流安排一个或多个学生管理班级，对学生在一天中的日常行为规范进行量化考评，每天公布名列前茅的学生，对常规表现好的给予表扬，对一些落后学生及时批评与指正。

3. 竞争激励，发挥积极性

在班级管理中引进竞争机制，小组与小组之间、个人与个人之间开展各类竞赛与评比，有助于培养学生的竞争意识，激励先进，带动后进，充分发挥积极性。

例如，可设定课堂学习常规制度，将课堂倾听、问答、作业、小组合作等结合起来，通过积分等方式，激发学生的主观能动性，推动班级课堂常规更好地向前发展；推行班级综合评优制度，通过对学生德、智、体、美、劳等方面的综合评定进行量化评分，积分、集章形式均可，每周、每月、每学期对学生进行评比总结，强化学生的优秀品质和行为习惯。

这样的评比活动，有利于班级中形成良性竞争，促进学生互相帮助，增强集体主义观念，推动班级制度文化建设。

◎ 立德树人，打造精神文化

班级的精神文化是班级文化的核心和灵魂，是班级的群体意识、舆论风气、审美观念和精神风貌的反映。班级精神文化弥漫在班级的各个角落，时时刻刻撞击着学生的心灵，有效地调动学生的学习与实践兴趣，使学生形成良好的品德，塑造积极向上的班级精神，促进学生健康成长。

1. 形成积极舆论，树立优良班风

班风是班级风貌的体现，是全体学生学习、生活、文明、道德等汇聚而成的群体意识。优良的班风，能在班级成员的心理上产生一种内在的激励，增强集体的向心力和归属感。在关系和谐、正气上升的氛围中，优秀的学生感到自豪，暂时落后的学生奋起直追，学生的创造性、积极性都得到认可和呵护，主体性得到充分发展。

班主任鼓励学生设计班徽、制定班训、编创班歌等，以此形成积极向上的班级舆论，使得班级中的每个人都精神振作，身心愉快，高度信任，人际关系和谐，班集体焕发无穷的力量和生机。

2. 依托各项活动，创建班级特色

班级文化最具魅力的就是那些关注学生发展、引导学生成长的丰富多彩的班训践行活动。班训的践行应以活动为依托，在活动中得到诠释。

（1）为了形成良好竞争的班级氛围，我们可以开展“想挑战吗”系列活动，如挑战自我、挑战朗读、挑战满分等，让学生在挑战的过程中提升自信，获得快乐。

（2）为了培养学生的责任感，可开展“今天我值日”活动，通过角色转换与换位思考，赋予学生爱心、自信心与责任心，让他们在班级管理的舞台上尽情地饰演不同的角色，体验不一样的班级生活。同时，由任“值日班主任”的学生、教师与学生家长共同书写“班级成长日记”，真实地记录班级活动开展过程中学生的感悟、教师的鼓励以及家长的支持。

（3）抓住节日契机，利用手抄报、文艺汇演、故事会、实践体验等形式开展勤俭节约、感恩回报、保护环境等教育，把节日打磨成闪闪发光的教育珍珠；创建班级刊物，发表学生的优秀习作、读书心得、活动感言、成长故事等，引导学生从周围寻找共鸣。

（4）成立家长委员会，密切家校联系，集合教育力量，拓宽教育渠道，同关注、共参与、齐成长，抓住每一个教育契机，让班级活动更具实效性和长远性。

这些活动为学生的发展搭建了一个个展示的平台，让学生在和谐的氛围中进入良性循环，自信而快乐地成长。

3. 打造“书香班级”，让学生的生命旅程充满书香

每个人会因文字的滋养而更加饱满、充实。利用班级读书会，引领学生自主阅读中外名著，在书籍中体味人生真味，追求真、善、美。积极开展“好书推荐会”“读书沙龙”等活动，为班级营造浓浓的读书氛围，为学生打造亮丽的精神底色。

生动、活泼、富有人文气息的班级文化氛围，能使师生心情愉快，班集体和谐有序地发展。加强班级文化建设，把教育思想渗透于整个文化环境，充分发挥班级文化的育人功能，有助于和谐班级的创建和学生的健康成长。

第二节　班级管理策略

班级管理是一门科学。新时期迫切需要教师重新审视现代学生的精神需求，让班级成为学生个性社会化和个性发展的场所，成为学生人格健全的主阵地。因此，我们必须与时俱进，采用现代的班级管理策略。

一、学生管理策略

学生管理是一个细致活儿，更是一个技巧活儿。学生管理从管理对象看，分成寄宿生和走读生、学优生和学困生，他们的心理素质有强弱，家庭情况各不相同；从管理内容看，分为纪律管理、卫生管理、学习管理、身体管理、心理管理、成长档案管理等。事情千头万绪，管理事无巨细，如何高效管理班级，下面四个方面可供参考。

◎ 创设体验活动，弘扬生命关怀

班级管理要贴近实际，追求实效，就必须有学生体验式活动的支撑，因为在人生这部长剧里，学生是编剧，是导演，更是主角，给他们一个平台，他们会给大家呈现无尽的惊喜。班主任在班级管理中要积极创设学生体验的平台。在这些平台中，学生将成长中遇到的烦恼、困惑、心理压力呈现出来，在平等对话的高峰体验中感受、顿悟、内化，从而追求主动发展。请看下面这个事例：

生活老师向张青老师反映班上的一个女生寝室有就寝后讲小话的现象，张老师找来寝室长了解情况，并针对这一现象提出批评。寝室长对张老师的批评，反应非常强烈："张老师，我知道你不喜欢我们寝室的人，因为我们成绩不够好。前两天你去宿舍就只去了304，我们303的门你都没进。"看着她眼中委屈的泪珠，张老师愕然了。班上的两个女生寝室是相邻的，张老师甚至还没明确区分出哪一间寝室到底有哪几个人。前两天查寝，分明先去了303室，只是学生都打水去了，于是去了隔壁的304，与学生聊了几句，又向生活老师了解情况后就离开了。张老师不知道这样的举动竟会伤害到学生，而且受伤害的还不止一个。张老师没有辩解，而是陷入深思！

转眼一周的班会时间到了，张老师亲自主持。张老师先问学生在与教师、家人、同学相处时有没有感觉受到伤害，很多学生表示有。于是，张老师请了几个口头表达能力强的学生上台叙述自己的经历，说到动情处，有的学生甚至流下眼泪，台下的同学也大多表示深有同感。在大家情绪较为激动的情况下，张老师主动向303室的学生道歉，同时也将事情的全过程详细地说了一遍。教室里先是很安静，接着大家开始议论。一位学生站起来说："张老师，这件事情不能怪你，你没有错。"张老师顺势问道："可她们分明受到了伤害。如果我没有错，是谁伤害了她们？"同学们很快达成共识，303室的寝室长主动表示是她们自己多心，只站在自己的角度看问题，曲解了老师，自己伤害了自己。看到大家这样理解老师，又能主动检讨，张老师非常激动地拥抱了同学们，表示感谢，同时请大家就刚才几位学生叙述的事情展开讨论，谈谈自己的感受。班会气氛热烈，学生的参与度非常高。虽然班会结束了，但学生对幸福、快乐的思考与追求不会结束。

在学生个性越来越张扬的今天，板着面孔进行枯燥的说教很难收到效果，甚至会加重学生的逆反心理，直接导致对立。而张青老师却就这件事情开展符合学生心理认知规律的德育活动，为学生创设体验活动，在心平气和中平等对话，化干戈为玉帛，效果良好。

教育的出发点和落脚点都是"以人为本"，以人为本就是要以人的生命为本，以人的生命质量为本。学生管理工作不是简单的说教，而是有意识地引导学生主动参与德育实践，通过德育活动的有效组织与实施，把德育活动作为一种充满生命体验与生命关怀、富于生命活力的快乐德育。

◎ 借助时间良药，选择静待花开

现在的学生个性鲜明，思想具有很强的前沿性。在班级管理中，由于观念差异、人生观与价值观不一样（即人们常说的“代沟”），师生之间难免会出现这样或那样的矛盾。有些问题可以即时解决，有些则无法应对。那么，请放一放，也许时间是最好的良药。有这样一个事例：

杨老师在乡下教书时，在高二期末，一个女生的思想突然发生变化，她不想读书了，要外出打工。杨老师很诧异，多次与学生及其父母沟通，但该学生执意外出打工。临行前，杨老师很真诚地告诉她，随时欢迎她的回归。在暑假临近结束（8 月底）时，杨老师接到这个女生的电话，她希望老师再给她一次机会，她想继续读书。杨老师愉快地兑现自己的承诺，该学生于9月高兴地再次入学。也许打工的艰辛使她懂得了更多，她入校后学习更加勤奋刻苦。功夫不负有心人，她顺利地通过高考，被湖北大学录取，现已在一个热门行业从事设计工作。如今谈到这件事，她总是对杨老师和学校满怀感激之情。

时间是所向披靡的武器，它能集腋成裘，也能聚沙成塔，将人生的很多不可能变成可能。所以，给学生机会，时间有时能解决班主任面临的棘手问题。当你无能为力时，不要着急，静待花开！

◎ 尊重青春情怀，顺势轻松化解

人在成长的不同阶段，面对同样的事情，会呈现不同的想法，并且作出的决定亦会不同，因为人穷其一生都在成长。所以，在青春年少时，在花一样的美好年纪，就自然会有一些大人觉得不成熟的懵懂事儿。同事老谢说过一个这样的案例：

谢老师发现班上两位异性同学走得非常近，有早恋倾向。谢老师找男生谈话，旁敲侧击，男孩很坦白地告诉老谢，俩人互相有些好感，并信誓旦旦地说："你放心，我们真的没有早恋。仅仅是好感，并且一定会把握好度的。"嘿，这家伙鬼灵精的，知道班主任会说什么，所以连"把握好度"这个问题都替老师想了。

说什么似乎都是多余的，老谢哈哈一笑："道理你都懂，我肯定相信你们，女生愿意跟男生相处，是因为男生豁达、大气、有担当！这个很正常。不过男女还是有别，相处时还是要注意分寸。"老谢只字不提早恋，但他是过来人，心里清楚得很，此时男孩与女孩彼此都有好感，但是这层纸千万不能捅破。后来上课的时候，老谢大大方方地请这两位同学一起上黑板做题，安排他俩一起出黑板报，负责校篮球赛。慢慢地，他俩也大大方方地交往，跟正常的同学关系无异。一场原本可能的早恋还没有开始就完美谢幕。

青春年少的朦胧感情是美好的，值得尊重。如果班主任多理解，多关怀，懂策略，如果学生能视班主任为朋友，有什么纠结、困惑、想法及时和班主任交流，如果师生之间给予更多尊重、宽容、耐心，很多棘手的问题也许会轻松化解。

◎ 把握谈话技巧，抚慰学生心灵

班主任要有这样的本事：不管多调皮的学生，他往你跟前一站，你就得学会钻到他的心灵世界中去，真正地爱他，尊重他，理解他。其实，那些后进生更在乎教师和学生对自己的态度，更渴望思想上的交流，感情的宣泄，心灵的慰藉。所以，班主任要把握好谈话技巧，用心和学生交流，让学生有如沐春风的感觉。有了沟通平台，自然能取得事半功倍的效果。

谈话时，班主任要让学生体会到被重视、被关爱。如有一个学生两天没到校上课，在不了解情况的前提下，班主任就气愤地说："你缺了两天课，无故旷课是要被处分的。"该学生马上气鼓鼓地对答："我生病了。"班主任又说："生病必须有医院开的证明，你明天必须将假条交上来，不然就是旷课。”这种谈话简单粗暴，毫无人文关怀。不妨将上面的问话换一种方式：“某某同学，这两天你没来上课，大家都很想你哦！现在你来了就好，我想没有特殊原因你是不会无故缺课的。”学生回答：“老师，对不起，我生病了。”教师关切地说：“是否需要再休息几天？”短短的几句话，学生心里热乎乎的。这个时候你再提出，以后遇到类似的情况要及时告诉班主任或者请家长请假，强调纪律要求，学生理所当然地能接受。这种以退为进的方法叫“谋略”，能用此方法体现了班主任的善良和以人为本。

其实，成功的班级管理方法大同小异，班主任一定要牢记班级管理的根本任务是“立德树人”，最终落脚点应该是促使学生养成具备适应终身发展与社会发展的必备品格和关键能力。所以，作为班主任，一是有爱心，爱生如子；二是有耐心，静待花开；三是关注学生心理，呵护学生成长；四是率先垂范，以身作则；五是与时俱进，共同成长。

二、家校沟通策略

家校之间要建立良性联动机制，有效的沟通是关键。班主任与家长之间的沟通是一门艺术，必须讲究一定的方法和策略。

下面先给大家讲一个真实的案例。

当初，金进应该是傅老师班最调皮的学生。

第一回，他一周迟到三次。他说家里闹钟坏了，睡过了头。傅老师马上给他妈妈发了一条微信：“家长好，金进连续三次迟到，请抽空给他买一个闹钟。”家长回复说：“好的，马上买，谢谢老师。”闹钟问题解决。

第二回，一天班长跑来告诉傅老师，金进在校外被几个学生打得头破血流，并准备血债血还。傅老师吓了一跳，赶紧找到金进，他先是死不承认打架的事，说头破血流是因为自己不小心摔倒了。傅老师只好打电话把他家长请来，在家长和教师长达一个多小时的共同说教下，他这才讲了真话，并慢慢转过弯来，认识到这次复仇行动的可能后果，答应就此了结。

第三回，一天一大早傅老师就接到他爸爸的电话，说金进昨晚跟妈妈吵架，一气之下离家出走了。他爸爸找了一整晚的网吧和同学家，甚至公园里也去找了一圈，人影不见一个，倒是两口子互相责怪，吵了起来。傅老师立即打电话给班长和几个跟他玩得好的同学，分散去找，到下午两点，大伙才在一家网吧找到他。那天，在傅老师家的客厅里，从三点一直聊到六点，长达三个小时的苦口婆心，才让他放弃辍学的念头，并答应傅老师去他家做家访。到他家后，傅老师大吃一惊，两间直通的租赁平房，外面进门处摆了一个双人床，床上躺着他常年生病的妈妈，里间既是摆满锅碗瓢盆等杂物的厨房，也是金进的卧室。一张窄窄的简易床靠着暗淡的墙壁在角落放着，傅老师一阵心酸，这怎么住呀！傅老师忽然能原谅他所有的调皮与不羁。从此，傅老师总是以各种理由表扬、奖励他，就算他犯了错，也和颜悦色，从不大声训斥。眼看着他一天天进步，傅老师打心眼里替他高兴。

高二时，他的成绩节节提高，期中考试后，傅老师组织了一次别开生面的师生、家长齐聚一堂的家长会。会上，傅老师把他作为进步最大的典型隆重推介，并给他颁发进步证书和进步奖金 50 元，他开心地笑了。会后，傅老师私下里告诉他父亲，学校为他们家申请了梦航助学金 2000 元，他父亲热泪盈眶。

高三时，金进进入班上前四名，甚至有一次进入年级的前二十名。但 4 月月考，他失利了，他主动找到傅老师，伤心地哭了，说家庭压力太大，妈妈喜欢念叨，自己总是担心考不出最理想的成绩，怕父母失望。傅老师安抚他之后，跟他爸爸打了电话，就减压方面与家长达成共识。就这样，家校沟通配合，金进很快走出困境，在最后的两次考试中都考出理想的成绩，最终如愿考上重点大学。

分析这个案例，我们可以总结出家校沟通的几个策略。

◎ 平台搭建策略——四通八达，多向互动

多渠道搭建家校合作平台，方便家校快捷联系、及时沟通，为家校合

作、达成共识、形成合力、家校共育创造条件。

一是以电话、手机信息、微信群、QQ 群为平台，实现家校、家家多向互动。现代通信工具和互联网等，为家校沟通提供了快捷方便的服务，体现出家校情况通报的即时性和问题解决的快捷性。如案例中的一条微信信息，既可以向家长通报孩子上学迟到的情况，又建议家长买闹钟解决孩子睡过头的问题。同时，微信和 QQ 家长群可以变家庭与学校的双向交流为家庭与学校、家庭与家庭的多向交流。家长既交流孩子的表现，又分享育儿经验；既交流教育困惑，也研究教育方法，真正打造家庭化班级。这样既能有效提高家校沟通效率，又能更好地吸引家长参与，促进新时期家校沟通的良性发展。

二是校访。遇到突发情况，有必要请家长进行校访。有些严重的问题，教师和学生无法解决，就需要家长出面，出谋划策，积极参与。如案例中学生因打架头破血流，这是严重的突发情况，有必要通知家长知晓问题的严重性，细致了解事件的前因后果，做好孩子的思想工作，以防更严重的后果发生。

三是家访。家访是一种比较传统的沟通方式，也是一种较好的沟通方式。由于学生情况各异，个别化的沟通就显得尤其必要。家访时，班主任要根据学生的性格、爱好、家庭成员等基本情况，有准备、有目的地进行家访。为了表示对家长的尊重，应该事先打电话给家长，在他们认为方便的时候前往。汇报学生近期的在校表现时，要着重谈他的进步和优点，并提出需要注意和改进的地方。家长可谈孩子在家里的情况，近来的变化与长进，存在的问题以及对学校的希望。双方共商下一阶段具体的教育目标与措施。家校联手可有效促进学生发展。

四是开展形式多样的家长会。或者以教师专题讲座的形式，更新理念，统一思想，达成共识；或者定期召开家教经验交流会，提供互相学习的平台，选拔优秀家长代表介绍自己有效的家教经验；或者教师、家长、学生相聚一堂，全员参与，多向沟通。班主任不遗余力、满腔热情地表彰优秀者，奖励进步者，激励落后者，能更大限度地激发学生向上、向善的欲求，也激发了家长参与管理的热情，还有利于良好班风学风的形成。

当然，除搭建以上四种平台外，还可以设立家长开放日，建立家长值日制度；或以班级活动为载体，如开展亲子共读活动，组织书香家庭评选等，实现家校共育；或以家校联系册为媒介，培养学生的良好习惯。如在小学阶段，家长通过学校编印的《学生作业记录本》，了解学生作业完成情况，采取措施，督促学生按时保质地完成作业；通过编印《行为习惯评价手册》，由家长评价学生在家的习惯养成情况，由学校评价学生在校的习惯养成情况，家校定期交流。

◎ 语言使用策略——平等对话，学会倾听

在家校沟通过程中，教师与家长的地位应该是平等的。约谈家长的时候，教师应该特别注意语言使用策略：多一些尊重、理解和谦和，少一点抱怨、责备和批评；多报喜，少报忧；多赞美，少指责；多事实，少空谈；多倾听，少唱独角戏。

下面给大家介绍一下有效沟通语言的检测方法：

（1）我说的是实话吗？

（2）这些话有用吗？

（3）我沉默不语会伤害人吗？

（4）我说这些话有助于建立良好的关系吗？

再向大家推荐几句沟通用语：

（1）您有什么事情需要老师帮助吗？

（2）谢谢您反映的情况，等我调查清楚后再给您回复，好吗？

（3）您的心情我能理解，等我们都冷静下来再谈，好吗？

（4）您的孩子字写得好多了，不过今天没有完成家庭作业，您看能不能每天抽出一点时间监督并检查一下孩子的作业？谢谢您的配合。

总之，班主任要以包容心、平常心对待学生的冒失和错误，用诚心、耐心架起与家长沟通的桥梁，用谦和之心善待每一位家长，和家长一起，静待花开。

◎ 方式采用策略——不拘一格，有效优先

家校沟通方式多种多样，教师完全可以遵循有效优先的原则。针对不同学生、不同情境、不同事件、不同时间、不同程度，采用不同的家校沟通方式。情节轻微的，一条信息就可以和家长沟通；情节稍重不得不通知家长的，可以电话联系，甚至要求家长到校面谈。有时为了全面深入地了解学生的成长环境、性格形成、习惯养成、心理状况，就有必要进行家访。如案例中，把发信息、打电话、开家长会、家长校访与教师家访结合起来，让沟通途径多样化，沟通效果最优化。

◎ 契机选用策略——观察敏锐，适时而动

家校沟通契机，包括时间契机、地点契机、情绪契机、情境契机等。

如案例中傅老师及时从班长那里获取信息，及时和家长进行沟通，避免一场更大的血光之灾，这就是时间契机。傅老师把学生带到家里苦口婆心地进行教育，又在学生同意的前提下进行家访，这就是地点契机。在学生改邪归正、一心上进的时候，家校联手给予鼓励；在学生情绪压抑、无处宣泄的时候，家校合作积极疏导，这就是情绪契机。在班会中由衷赞美先进者或进步者，给学生和家长传递信心，这就是情境契机。

多数家长望子成龙、望女成凤心切，有时关心则乱，帮了倒忙。这时候，家长需要专业教师给予有效的指导和帮助。班主任要以自身的专业素养和能力，用诚恳的态度和建设性的语言，将自己的专业知识、教育方法、教育理念传递给家长，当好家长的参谋，协调好家长和孩子的关系，化解其矛盾与代沟，提升家校沟通的品质。总之，家校沟通要遵循尊重、理解、平等、协商、自愿的原则。大巧无术，只要我们爱生如子，坦诚以待，合理科学地使用家校沟通的策略，家长一定会更加积极支持我们的工作。家校合作，定会形成合力，优化育人效果。

三、团队建设策略

优秀的班级团队必然是积极向上、充满活力的，它是学生分享成功、总结失败的场所，是学生学习生活、接受教育的乐园，对学生的健康发展起着巨大的教育作用。建设优秀的班集体需要班主任做大量深入细致的工作，下面谈谈班级团队建设策略。

◎ 制定班规，重视养成教育

俗话说：无规矩不成方圆。建班伊始，班主任很有必要制定一系列班纪班规，以规范行为。班规能使成员知道哪些可以做，哪些不能做。好的班规能帮助学生养成良好的习惯，促进学生全面发展，形成良好的班风。班规可以分为思想方面、学习方面、纪律方面、文体方面、寝室管理方面等。

这里有必要介绍美国明星教师罗恩·克拉克的55条班规。克拉克，是美国畅销书《优秀是教出来的》的作者，28岁就获得全美最佳教师奖，是唯一被美国总统接见过三次的小学教师。他教过的学生都来自最贫困的家庭，学校资源也不丰富，但凭着他的热情与书中所介绍的55条班规，只要他教过的学生，不但成绩突飞猛进，也会变得彬彬有礼。显而易见，制度让学生能严于律己，在学习中更好地寻找到方向与目标。

◎ 培养干部，优化学习小组

团队管理的首要任务是培养得力的班队（团）干部，精选优秀的学科课代表，组建6～8个学习兴趣小组。班级管理宜采用班团干部、课代表和小组长三级合作管理模式。

班干部要有强烈的责任心、集体荣誉感，有主动管理的意识，有较强的管理能力、号召力，有较高的工作效率，能以身作则等。组建班干部团队，“竞争上岗制”是一种很好的手段。

班级以学习小组为单位，实行小组长负责制。小组长每天对组员进行观察和记录，内容包括：课堂作业及表现，家庭作业完成情况，卫生和纪律情况。班主任根据小组长的反馈，在每周的班级总结中，及时对每组学生的表现作出评价，实施必要的奖惩。

下面是关于遴选班长的一个典型案例。

高一新生报到的第一天，李老师站在讲台上调查学生在初中的任职经历，发现全班五十多个学生里除了有两人担任过卫生委员、纪律委员外，居然找不到一个班长或副班长或学习委员或团支书的“高官”。她一下子傻眼了，群龙无首可不行，谁来担任班长呢？她无助地环视全班，一律是稚嫩的、陌生的面孔。李老师灵机一动，宣布请学生酝酿5分钟后，每人来个一分钟亮相演讲，简单介绍自己的姓名、爱好、个性特点，或说说新学期的打算以及在班级的任职期望。她希望发挥她多年班主任工作经验练就的一双“火眼金睛”，为班级物色一位称职的班长。没想到，这批家伙很不健谈，多数学生不到10秒就把自己介绍完了。说到任职期望，就连那两位有过班级管理经验的学生也诚恳地表示高中不想再担任任何职务，只想一心读书。李老师又一次傻眼了，再次环视全班，审视这一张张稍微熟悉了一点点的面孔，忽然被第一排第三个座位的学生吸引住了。那是一张阳光十足的脸，端正的五官，高挺的鼻梁，专注的眼神，健康的肤色，加上军人一般挺拔的坐姿，李老师心里有个声音说：班长就是他了。

他就是天龙，成绩一般，没有任何班干部经验，但李老师看中了他的气质，相信一个有着这样一种阳光气质的人是可以担当重任的。军训马上要开始了，李老师找到他说：“你担任我们班的临时班长，掌管军训期间班上的大小事务。”他迟疑着说：“我……我恐怕不行吧？”李老师说：“先试试吧，有我在呢，有事找我好了。”他还在犹豫，不说好也不说不好。李老师拍拍他的肩膀，一字一顿地说：“我相信你，你能管理好的！”他停顿了一下，也果敢地说：“好吧，我试试！”

没想到，这一试就是三年。

三年里，他学会了协调关系，化解矛盾；学会了以身作则，任劳任怨；学会了统筹安排，群策群力。他终于成长为一个管理经验老到的学生干部，也渐渐成为班级中影响力最大的人物。

由此说明：班主任是需要一双慧眼的，班干部也是可以慢慢培养的，没有哪个人先天就具备领导才能、领袖气质。发现并信任你的学生，大胆地委之以重任，鼓励他，指点他，扶持他，培养他，假以时日，他会给你带来巨大的惊喜。

◎ 组织活动，凝聚团队力量

班团活动是班团干部组织能力和管理能力得以锻炼与展示的平台，也是班委会磨合的最好机会。很多经验表明，适时地组织班团活动能活跃气氛，鼓舞士气，凝聚力量，增强学生的归属感。一次成功的班团活动，不仅能实现开展活动的目的，有时甚至能给学生留下终生难以磨灭的印象。

我们来看一位班主任的班级活动纪实。

高一时，学校团委组织诗歌朗诵比赛，班委会首先精选出 10 人小组准备参赛，朗诵的篇目和分工都定好了。在班上试表演时，班主任傅老师恰好看到许多学生那种事不关己，高高挂起的表情。于是，她向班委会提议全班参加诗歌朗诵，说希望看到全班为一个共同目标而全力以赴、群情慷慨的场景。后来，傅老师班的《我骄傲我是中国人》的 42 人集体诗歌朗诵，获得全校特等奖。当宣布名次时，全班学生欢欣雀跃，成就感、自豪感和对班级的认同感油然而生。高二时，学校艺术节组织大合唱比赛，傅老师班的《精忠报国》全班大合唱，从全校几十个班级中脱颖而出，一举夺魁，再次获得特等奖。学生演唱时那种激情四射、排山倒海的气场，真是鼓舞人心，让人拍案叫绝。还有每年一次的元旦迎新晚会，学生分组编排节目，原则是人人上台参加演出，不允许只当看客和听众。这些做法极大地激发了学生参与的积极性，让每个人都感受到活动带来的快乐。

这位优秀的班主任特别重视活动的全员参与，她让人人都成为活动的主角，从而极大地激发学生参加班团活动的热情，凝聚了班级力量，同时也通过全班性的诗歌朗诵和大合唱，大大提升了班级的文化品位。

班主任可以根据学生特长、爱好组建多种班级文化团体，如板报小组、写作小组、体育小组、美术小组、辩论小组、朗诵小组、棋牌小组、奥赛小组、演讲小组等。可以利用多种渠道增添各种文化角，如创办班级图书角、编写寒暑假文学专刊、组建班级文学读书社、增设读后感专栏等。可引导学生积极参加班级内部或年级、学校组织的各类活动，比如大合唱、诗歌朗诵会、运动会、篮球比赛、羽毛球比赛、拔河比赛、艺术节、科技节、元旦晚会、中秋晚会、户外拓展、秋游等。班主任要为学生搭建才艺展示的舞台，满足他们成长中的社交需求，带动他们从一处优秀走向更多处优秀，从一技之长走向多才多艺，生机勃勃，百花齐放，潜移默化，不言而教。

◎ 情感教育，和谐人际关系

美国心理学家马斯洛在《人类激励理论》中提出了著名的需求层次理论：生理需求、安全需求、社交需求、尊重需求和自我实现需求。其中，社交需求，也叫情感和归属的需求，包括两方面：一是友爱的需要，二是归属的需要。基于对这个理论的理解，我们要注重构建亲情化、和谐化的班级人际关系。

先看下面的案例：

赵老师经常对学生说：把门一关，我们就是一家人，一家人不讲两家话，一家人不讲客套话，以尊重为前提，只讲真心话。表扬是关爱，批评也是关爱。所以，他的班级到高三只要开小组长会，每个组长都敢于直言不讳，理直气壮，告起调皮学生的状来脸不红心不跳，为什么呢？他告状时没有私心，只有关心和责任心，可谓心底无私天地宽。

赵老师班从高一开始就是小组合作学习制，小组长必须是文化成绩位于班级前 10 名的学生，组员依此类推，搭配有前 20 名、前 30 名、前 40 名的学生，其中还注意男女搭配，干群搭配，性格搭配。他们一起学习，一起劳动，一起导演节目，休戚相关，荣辱与共。久而久之，这样的小组成员情同兄弟姐妹，你想拆开他们要费尽口舌，因为学生彼此间都体会到对方或者自己的价值，都找到自己在班级的位置，从而对班级产生强烈的认同感和归属感。这种强烈的认同感和归属感就是班级凝聚力、向心力、号召力之源。

可见，良好的人际环境能使人心旷神怡。班级人际环境是班主任、任课教师、学生、家长之间的相互关系构成的。从某种意义上讲，人际环境是一种高级形式的班级文化。这种和谐的人际关系更能使班级形成齐心协力、积极进取的良好班风，产生强大的凝聚力。

总之，班级团队建设是一门课程，优秀的团队具有无形的教育力量，往往起到“随风潜入夜，润物细无声”的作用。班主任应做一个有心人，努力做好班级团队建设，促使班级优质良性发展，实现真正意义的科学跨越。

第三节 班级管理目标

班级管理必须有目标，有航向，有路径。我们不仅要教育学生学会学习，更要帮助学生养成良好的习惯，发展学生的个性，促进学生全体发展、全面发展。

一、养成良好习惯

习惯，现代汉语词典解释为:（1）常常接触某种新的情况而逐渐适应；（2）在长时期里逐渐养成的、一时不容易改变的行为、倾向或社会风尚。此处选第二种解释。

◎ 养成良好习惯的必要性

美国心理学家、哲学家威廉·詹姆斯先生在1892年这样写道：所有人的生活都有其明确的形态，但其实都是由各种各样的习惯构成的。我们每天作出的大部分选择似乎都是精心考虑的决策结果，其实不然。这些选择都是习惯的结果。杜克大学2006年发布的研究报告表明，人每天有40%的行为并不是真正由决定促成的，而是出于习惯。

个体有习惯，团队有习惯，民族有习惯。习惯具有巨大的能量。班主任作为班集体的组织者和引领者，掌握了习惯养成这个法宝，将良好的思维习惯、行为习惯建立起来，将班级培养成一个团结、高效、充满正能量和温情的组织，这样的组织将裹挟着每一个个体朝着正确的方向发展，并使其在现有的基础上获得尽可能的成功。

◎ 良好习惯养成的条件

1. 学会辨识好习惯和坏习惯

好习惯有很多，如守时、爱运动、公共场所小声说话、礼让、不叨扰他人、列清单等。坏习惯也有不少，如挑食偏食、专注度不够、不爱运动等。要分辨好、坏习惯似乎不是个问题，但作为新入职的年轻教师，一定要重视这一环节，既要低头看地，也要抬头观天，既须遵循传统，也要放眼世界。在这个多元的社会里，有很多需要我们学习和借鉴的好习惯，如犹太人爱读书的好习惯，美国教育重视学生凡事先制订计划、方案的好习惯等。我们从中华传统文化和西方文化的结合中找到养成良好习惯的办法，这些是培养适应未来、走向世界的人才的方式。

如中华文化中的重视自省，要求“一日三省吾身”，这种自省习惯非常有益身心。学校教育中每天放学前有堂“夕会”，这就是一门自省课程。这门自省课程可以用于全班讨论，回顾全天的学习、生活，也可以用冥想的方式进行，坚持每天冥想，就是好的习惯。

在德国，“放松课”与之有相似之处。这是一节专门的放松课，学生拉上窗帘，倾听舒缓的音乐，把脸伏在桌面的软垫上，闭上眼睛，听教师节奏缓慢的指导语，全身放松，在身心愉悦中结束学习活动。

切记，不可简单将“听话”“听老师的话”当作好习惯来要求学生。

2. 养成良好习惯，班主任要以身作则，言传身教

首先，我们要正确认识自己，用自己的强项引领学生。如体育运动水平高的教师通过养成良好的运动习惯影响学生；书法好的教师通过书法学习引导学生养成良好的习惯；擅长朗读的教师用朗读训练培养学生。以教师的强项为好习惯形成的生发点，对学生产生全方位的影响。因此，教师正确认识自己，是促使学生良好习惯养成的基础。

3. 养成良好习惯，班主任要知己知彼，因材施教

我们面对的是一个个鲜活的生命个体，有其独特性，也有共性。当我们

面对一个新的班集体时，先要仔细观察，科学分析，寻找形成学生良好习惯的突破口。

比如，小学一年级学生充满好奇，对新的学校生活满心欢喜，教师的话具有很高的权威，家长对孩子学习能力充满期待，配合度也高，这些都非常利于班级良好习惯的养成。但学生注意力集中的时间短暂，记忆力和理解力较差。综合优点和缺点，班级应以建立学生良好课堂行为习惯、学习习惯，建立正确的与同学相处的方式，培养专注力等为主，并且教师要和学生多次重复训练。

在农村学校任教，面对有较多留守儿童的班级时，我们要因地制宜，采取相应策略。这时候，我们可能需要了解：学生最迫切需要养成的习惯是什么？是与远方亲人正确的沟通交流方式，还是确保自身安全的良好生活习惯，抑或是培养坚强的意志力？

有了对学生、班级全面而深刻的认识，良好习惯的养成便具备了一定的基础。

◎ 养成良好习惯的策略

1. 重视班级管理“核心习惯”，让“小成功”助力好习惯的养成

核心习惯是最重要的习惯。既然我们每天作出的选择都是习惯使然，每天 40% 的行为是出于习惯，那就相当于每个人的行为举止中充斥着各种各样的习惯，一个班集体就是各种习惯的交集。班主任要建立良好的习惯体系，首要的是找到习惯建立的切入点，以此建立新的习惯体系，让不良习惯发生变更和迁移。

“小成功”是核心习惯引起班级转变过程中的一部分，它在好习惯养成之动态过程中，发挥极其关键和巨大的作用。美国康奈尔大学的一位教授在 1984 年出版的著作中写道：“小成功其实是细微优势的稳定运用。一旦一个小成功实现了，就会推动下一个小成功的出现。”小成功能够带来改造性的变化，因为它能够将细微的优势转变为一种模式，让人们相信更大的胜利即将到来。

核心习惯如何找到？这需要教师拥有火眼金睛，找到问题的本质，也就是从表向问题深入地了解其根源。

我们在平常工作中要养成深入思考、寻求事物根源的习惯。假使我们以将体育锻炼习惯作为班级首选核心习惯，首先就要确定每天体育锻炼的时间、方式等。这个过程最好全班学生一起讨论，让每个人一开始就能参与其中。一旦在班级建立起一些核心的惯常行为，其他所有习惯都会自动各自就位。如良好的锻炼习惯建立起来后，为获得运动带来的愉悦体验，其他工作都能得到相应调整，以保证体育锻炼这个核心习惯的养成。如为了保证体育活动时间，必须抓紧完成其他课业任务。那么，在完成其他学习任务时，学生专注度加强，学习效率提高，良好的学习习惯一并养成。按时作息，注重合理饮食，培养安全习惯、协作习惯等，都将在体育锻炼习惯这个核心习惯养成过程中得以实现。这些“副产品”将和体育竞赛活动、身体素质提高一起，作为体育锻炼核心习惯养成项目中的一个又一个的“小成功”，在班级良好习惯养成项目中发挥巨大的作用。

2. 重视偶发事件，通过危机处理助力新习惯的养成

“危机可以为我们提供机会，让我们做之前不能做的事”，“你永远不会希望浪费一场严重的危机”，奥巴马总统参谋长拉姆·伊曼纽尔这样说。优秀的领导者会抓住危机来重塑组织习惯。

对待班级管理，亦是如此。我们要抓住那些有可能稍纵即逝的好机会，善于利用这些小案例、小事件，甚至小危机，达成班集体新习惯养成的目标。

小旭是一个10岁的女孩，与妈妈一起生活。小旭妈妈开了家小店，每天晚上要9点才能回家。小旭一个人待在家里，内心非常害怕，她希望自己也能像同学一样有妈妈的陪伴。一天晚上，妈妈回家后，小旭哭着对妈妈说：“今天放学的路上，有坏人要把我拖到一辆面包车上，幸亏我当时大声呼叫，坏人才把我放了。”小旭妈妈听后异常恐慌，并且觉得得把这件事情告诉其他家长，告诉学校，免得其他孩子受害。于是，好心的小旭妈妈就将小旭所讲的事情在班级家长微信群和微信朋友圈里发布了。小旭的班主任张

老师，是一个热情、友善的年轻妈妈，看到这条信息后，信以为真，将消息在朋友圈和学校大群里传播。短短几个小时，小旭差点被绑架的消息就闹得满城风雨。学校觉得事关重大，向派出所提出调看监控，可以想象，真相很快查明，是小旭撒谎了。

张老师抓住这次机会，先对小旭进行和风细雨的思想教育，接着在全班开了一个主题为“好习惯终身受用，坏习惯后患无穷”的班会活动。班会上，张老师利用幻灯片罗列了对人生最有影响的十大好习惯，并列举相应名人的例子加以佐证，很有说服力。

聪明的班主任抓住机会，利用偶发事件，化危机为转机，重塑学生的良好习惯。

3. 用列清单的方式，循序渐进地培养好习惯

越来越多的研究和事例表明，列清单是培养优良习惯的很好方式。班主任列出想在班级养成的好习惯清单，找到最迫切的一条作为“核心习惯”。这个“核心习惯”可能是“专注的习惯”，也可能是“安全的习惯”。如果班级学生年龄足够大，可以让他们参与讨论，提出培养这一核心习惯需要做到的事情，不要着急，重要的是坚持。记住，意志力的训练非常关键，任何困难也阻挡不了我们前进的步伐。

过些日子，可能一学期，也可能一年、两年，你会惊喜地发现：当初清单的第一条习惯你有了，清单后面那些你希望具有的好习惯也有了。

二、发展学生个性

所谓“个性”，就是一个人的整体精神面貌，即具有一定倾向性的心理特征的总和，是个体独有并与其他个体区别开来的整体特性。影响个性形成和发展的因素很多，其中遗传因素是前提，社会生活条件是决定性因素，教育起主导作用。在教育中，学校教育是有目的、有计划、有组织的环境影响，能控制和排除环境中的不良因素的影响，让人的个性朝着健康的方向发

展。所以，学校教育对学生个性的形成至关重要。

每个人都有个性，歌德说过：“一棵树上很难找到两片叶子形状完全一样的，一千个人之中也很难找到两个人在思想情感上完全协调。”作为新时代的教师，又该如何发展学生的个性呢？

◎ 尊重学生，发现个性

心理学上把人的气质类型分为胆汁质、多血质、粘液质和抑郁质。胆汁质、多血质类型的学生性格偏外向，一般表现为活泼好动、热情大方；而粘液质和抑郁质的学生个性偏内向，一般表现为严肃认真、文静内敛。所以，不同气质，不同个性，自然应该区别对待。当然，真正发现、了解一个学生的个性需要机缘：有的学生可以在平时的观察中了解，有的可以在和任课教师的交流中了解，有的却要通过和家长的沟通来了解，有的可能在一些突发事件中发现其个性。

接新班的时候，我告诉学生，以前教过的学生为了防止写错我的姓，于是叫我西早老师。

话音刚落，下面一个学生脱口而出：“啊，什么？叫洗澡老师！”声音响亮，全班都听到了。大家齐刷刷地望着那学生，不少人笑了起来。笑了一阵，似乎又感觉这样笑话老师不对，教室里的空气渐渐变得沉重起来。[①]

一般来说，尤其是新教师，碰到这种状况，肯定会很尴尬：板起脸孔批评，第一次见面惹得大家都不高兴，说不定学生确实没有听清，这样反而显得教师不“大度”；不说，这个学生简直就是在“赤裸裸”地挑战教师。且看覃老师是如何处理的：

我也望着那个学生……当我看着他的时候，他居然一点不知道什么地方得罪了我，一个劲地傻乎乎笑……于是，我笑着打破这凝固的气氛：“洗澡

① 覃丽兰：《四招化解学生挑衅》，《班主任》，2017 年第 1 期，第 22 页。

老师很好啊，带着大家在知识海洋里遨游，为大家心灵洗澡，这恰好是我工作的真实写照。我喜欢这个名字。”从此以后，我又多了一个雅号“洗澡老师”，那个调皮的学生对我更是敬佩有加。[①]

苏霍姆林斯基说：“有时宽容引起的道德震动比惩罚更强烈。”是的，初次见面，我们并不了解每一个学生，姑且认为“人性本善”吧。那么，对于学生或许是并无恶意的调侃，我们不妨就幽默一下，一来显得教师大度，二来显得教师睿智，三来凸显教师尊重学生。你看，这样“一箭三雕”的好事，何乐而不为呢？而且，通过这样的小事情，“坏事”或许就成了“好事”，不仅让我们在最短的时间里了解了这个学生的个性，而且如果有其他附和的，应该都躲不过教师的“火眼金睛”，了解这些学生比起了解那些内敛的学生，就容易得多。三五天，我们就可以把他们的底摸个透。而且，处理问题的过程中，或许还能让教师在其他学生心中的形象瞬间高大起来，“圈粉”无数。

班级成立之初，在尊重学生的基础上，发现、了解学生个性的时间越短，越有利于工作的开展。李希贵校长说过：“教育其实很简单，一腔珍爱，一份宽容，如此而已。”覃丽兰老师正是用真诚和爱对待学生，从突发事情中发现学生的个性，为以后班级工作的开展奠定了良好的基础。

◎ 因材施教，发展个性

“因材施教”是孔子提出的教学方法，正因为学生个性不一，因材施教尤为重要。如果只用一种模式培养学生，势必会像工厂机器生产的产品一样，千篇一律。而且，肯定会有学生掉队。因此，我们一定要在了解学生的基础上，发展学生的个性。

有教师认为，一个班数十人，因材施教也太难了吧？下面这个案例给我们上了生动的一课。

---

① 覃丽兰：《四招化解学生挑衅》，《班主任》，2017 年第 1 期，第 22 页。

“王老师，我上线了，超过二本线十多分……”欣闻小宇上线的消息，我异常激动。小宇是我带了三年的学生，三年前，凭他2B、2C、1D的成绩（我校录取成绩是3A、2B，他的成绩在年级后5%），谁都不会相信他能够考上二本。不自信，基础差，上课发呆，这是小宇给教师留下的第一印象。

一次偶然的机会，我发现小宇喜欢打羽毛球，且球技不错。他个子不高，但弹跳力很好。有了，小宇的运动细胞很好，就从这里入手。再一打听，他以前还参加过体训。尽管校运动会他没报名，但一定要鼓励他参加：3000米还有空缺，三级跳还少一人，就他了！于是，在我的鼓励下，小宇出现在3000米的跑道上，最终一举夺冠！随后，校报记者的采访又让他“风光”了一回。比赛后，他一举成了我们班的“功臣”。慢慢地，他的朋友多了，嘴角也有了笑意。

高二班干部竞选，我鼓励他上台发言，最终他成了纪律委员。学习上，我发现他对化学最感兴趣，就以此为突破口，让他找到学习的成就感。渐渐地，他的化学成绩能居中等，其他科目也有了起色，班级活动也开始有了他的身影。教师们担心的学考，他一次性过关。

高三开学，小宇主动竞选学习委员、生物课代表。在高三年级的篮球赛中，小宇成了篮球队主力，最终问鼎年级冠军。从活动中收获成功到学习上收获成功，从小范围内成功到各方面成功，小宇的自信心随之提升，成绩也直线上升。

小宇的成功或许有偶然性，我时常思索：如果当初我没有捕捉到教育的契机，发现、发展小宇的个性，今天的小宇会是怎样的呢？人们常说“失败是成功之母”，可我更认为“成功是成功之母！”长期体验不到成功的学生，其实更容易自卑，长此以往，就会失去学习兴趣，以致“破罐子破摔”。苏霍姆林斯基说：“用惊奇、赞叹可以治疗大脑两半球神经细胞的萎缩、惰性和虚弱。”①是的，教师的赏识、帮助，其实就是发展学生个性的良药。

---

① 苏霍姆林斯基：《给教师的建议》（修订版），教育科学出版社，1984年版，第18页。

当然，一个班级也有各方面都非常优秀的学生，我们要关注他们，让他们有更多的舞台施展自己的才华，充分展现自我，发展个性，在班级起到榜样作用。一般来说，一个班级前三分之一的学生基本就是榜样；中间的三分之一，可以前三分之一为榜样，调动自身的内驱力；后三分之一，可能是真正需要我们煞费苦心、因材施教的群体，努力让他们成为“中间的三分之一”，如果方法得当，成为班级的“前三分之一”也不是问题。

◎ 创设情境，优化个性

梁启超先生有言：教育的本质，是教人不惑、不忧、不惧，顶天立地做一个人。“不惑、不忧、不惧”是人生的最高境界。学生个性不一，我们需要不断帮助他们修正其行为，朝健康的方向发展。

谭薇是初二某班的班主任兼生物老师。有一段时间，她发现学生的班级荣誉感不强，大有“事不关己，高高挂起”之感，学习上有散漫现象。她苦口婆心地劝说，但成效不大。怎么办呢？初二的会考迫在眉睫。谭老师和班委会精心策划，决定开展一场别开生面的班级活动——“齐心协力”。

学生以小组为单位，六人在同一块木板上穿上各自的鞋套，然后走向终点，时间最少的一组获胜。在练习中，她发现平时不善于与人合作的学生总是做不好。慢慢地，在周围同学的帮助下，他们才找到一点感觉，基本能统一步伐。正式比赛那天，学生的积极性、合作意识都大大超过谭老师的预期，很多学生的表现可圈可点。活动结束后，她发现班级面貌慢慢地有了改观，同学间的情谊加深了，学习氛围也浓厚了。

万物皆有裂痕，那是光照进来的地方。班主任首先要承认学生个性的差异，尺有所短，寸有所长，这就是教育契机。行胜于言，当谭老师发现“说”不能解决问题时，果断地用“行”，在活动中让学生认识、优化自己的个性。

当然，创设的情境还有很多，个人的、团体的都行。针对个别学生孤僻的性格特点，创设交流谈话的活动情境，尝试让他们走出自我，学会与他人合作；针对学生内驱力不足的特点，创设想象情境，让学生设想“七年”“十年”甚至“二十年”“三十年”后的自己（在何地、何职位、何工作等），要达到这一境地，现在该怎么做，从而激发学生的原动力，努力向上向善发展。任课教师还可以结合学科特点，创设一些情境。

古语云：“授人以鱼，不如授人以渔。”而今，我们更认为“授人以渔，不如授人以渔场”。“渔场”就是班主任创设的情境，是学生施展自我的地方，让不同层次的学生在展现自我的过程中认识自我，规范自我，发展自我，这样离成功的教育就不远了。

让·保尔有言：“没有个性，人类的伟大就不存在了。”一个班级既要追求和谐统一，更要追求百花齐放，只有这样，才能为学生的终身发展奠基。

三、促进全体发展

如果说“发展学生个性”是追求个体“点”的发展，那么“促进全体发展”就是“面”的培育。一个优秀班级绝不只是培养部分成功的学生，“面”的发展更重要。教育部《关于全面深化课程改革　落实立德树人根本任务的意见》明确规定：“要立足中国国情，具有世界眼光，面向全体学生，促进人人成才。”我们允许学生的发展有快慢，但不要轻易放弃一个学生。他们是一个家庭的希望，是祖国的未来。面对个性迥异、层次不一的学生，我们该如何促进一个班级全体发展呢？

◎ 转化潜能学生，营造成长氛围

每个班级一般都有部分学生在学习、生活上暂时落后于人，他们具有转化为优秀生的潜能。能否将“潜能生”转化为优秀生，直接关系到班级工作能否健康发展，也关系到能否落实“立德树人”的根本任务。

潜能学生的产生有遗传因素，也有其他客观因素，如家庭矛盾、父母离婚等，有的是留守儿童，疏于管教，还有的是自暴自弃……他们通常表现为：易自卑，消极沉闷；或是疏远集体，回避教育；或是故意违纪，离校逃学；或是“刺儿头”，一般人不敢碰……尽管人数可能不多，但一旦集结起来，对一个班级甚至一个年级的负面影响很大。潜能学生能否转化好，直接体现出班主任的管理水平。

吴君是小学部五（3）班的班主任兼语文教师，班上的几大“金刚”在全校有名，上课捣乱，不交作业，无故迟到，欺负小学生……不仅如此，其他学生在他们的影响下也越来越难管。这也让经验不足的吴老师伤透脑筋，甚至有几次想过放弃。可校长的话又让她打消这个念头，对，躲得过初一，躲不过十五，凡事必须积极面对。

“擒贼先擒王”，吴老师决定从最难管的“刺儿头”小威入手，先摸清他的家庭情况。当吴老师到小威家家访时，她震惊了：父亲躺在床上，奶奶在张罗一切，年幼的妹妹坐在地上。听奶奶说，小威母亲几年前外出打工后，再也没回来。家里主要靠爷爷打零工和低保过日子。返校后的吴老师久久不能平静，对小威也多了几分怜悯。她决定改变对小威的态度，和任课教师达成共识：多帮助、关注小威……慢慢地，他们发现，小威这孩子的责任心、动手能力都很强。在学校的年级帮扶中，小威竟主动承担帮助一年级学生的任务。事后，一年级班主任极力夸赞小威很有大哥哥的样子，很会照顾学弟学妹。以后的大扫除中，也经常看到小威忙前跑后的身影，其他几个常和小威一起玩的学生在他的带动下，都主动加入班级管理行列。期末，五（3）班破天荒地获得“优秀班级”的荣誉称号。

机会常常伪装成困难。是的，如果吴老师当初选择放弃，以后碰到难事，她首先想到的肯定是放弃。正是因为她迎难而上，不仅改变了小威的人生轨迹，也拯救了一个家庭，更带活了一个班级。陶行知先生说过：“你的教鞭下有瓦特，你的冷眼下有牛顿，你的讥笑中有爱因斯坦。”如果我们能用爱和宽容发现潜能学生的闪光点，多正面激励他们，不只利于学生个人的成长，更利于班级管理。

◎ 重视特长学生，创设发展平台

一个优秀的班级从来不是只知道读书的班级，而应该是一个活力四射的班级。学生应该能文能武，在各方面都大放异彩、出类拔萃。《中国学生发展核心素养》明确规定：以培养“全面发展的人”为核心。班主任作为一个班级的“领头羊”，一定要善于创设各种各样的平台，让有特长的学生在班级活动中尽情展现自我，从而带活一个班级。

杨辉老师是高一（7）班的班主任。从第一次与学生见面起，她就发现班上的学生很活跃：下课经常能听到悦耳的歌声，操场里经常能看到驰骋球场的身影，宿管教师也反映该班学生很活跃……相比于别的班，年级组长认为这些学生有点另类，而且还旁敲侧击地和杨老师谈过。杨老师也苦恼过。确实，高中应该更注重学习才对，怎么办呢？想办法制止过，但事倍功半，甚至有几个学生对此很反感。压制不行，不如顺其自然。

第二学期起，杨老师把班上的特长生集合起来，专门召开了特长生会议，找他们出谋划策，结果，学传媒的学生建议进行朗诵比赛、演讲比赛、辩论赛，每学期负责策划一次；体育特长的学生建议开展一项全班同学都可以参加的比赛——乒乓球比赛，以后还可以开展排球比赛、篮球赛等。在学生的精心策划下，班级活动开展得如火如荼。他们利用每周的班会课开展了丰富多彩的活动，场地由教室内转向教室外，学生的参与面也大大扩大。更主要的是，通过活动，既锻炼了特长生的策划、组织能力，也增强了同学之间的凝聚力。而且有了这些活动的铺垫，（7）班学生参加学校的各项活动都得心应手：班会课一等奖、运动会第一名、篮球赛第一名、班级文化建设第一名、优秀班级……

杨老师引导特长生搭建平台，在“玩”中体验成长的乐趣，充分发挥特长生的作用，让学生在活动中找到归属感，从而为班级建设添砖加瓦，也为班级的良性循环奠定了坚实基础。

当然，学生的发展平台还有很多，如班级晨会（有的学校也叫“夕会”）

与班会、班级自办报刊等。清华附中著名特级教师王君开设的“每日班级播报”，学生不只是在班上播报，还拍视频或是利用语音播报的形式，在家长群中进行资源共享、资源互动。条件比较成熟的学校不妨一试。班级自办报刊，主要包括班级黑板报、自办班刊等。初高中年级可以尝试。

教育的精髓就是让学生发现、认识自己，教师要为学生提供兴趣、特长发展的平台，从而使其充分地发展自己。哈佛大学霍华德·加德纳教授提出的多元智能理论告诉我们：每个人都有自己的长处。我们应该学会充分发挥自己的长处，让每个学生在学校“来有所学，学有所得，得有所长”！

◎ 关注全体学生，建设民主机制

关注全体学生，首先，应遵循平等的原则，促进全体学生共同发展。当我们“俯下身子”平等地看待每一个学生，才能让学生信任我们。其次，建设民主自律的班级机制。说到治班“民主自律”，魏书生老师绝对是我们学习的榜样。

“老师，近来班上有些同学将吃不完的馒头乱丢乱扔，极大地损坏了我们的班级声誉，您看该怎么办？”生活委员向我大倒苦水。“怎么办，把问题交给全班同学研究解决吧。”我决定按照惯例，将这个难踢的“皮球”踢给学生自己。中午休息时间，我找来班委成员，大家民主商定了问题的解决方法。

自习课上，班长走上讲台，说：“节俭，是中华民族的传统美德，可是近来我们班有些同学却忘记了这些古训，吃不完的早餐随手丢弃，面对这种做法，大家说怎么办？”“处罚是必然的，老规矩，交给班级专门负责人进行监督管理。”同学们应和道。由谁负责监督工作呢？“谁有这方面的优势，就由谁出任负责人。”班长提出的这一解决办法马上得到了大家的支持。所谓优势也就是平时乱丢早餐表现“最突出者”。经过大家一致评选审定，最后，这一“美差”由“富家子弟”王某担任……“感谢大家的信任和厚爱，如果发现乱丢早餐的现象，该怎么处理呢？”王某说出了心中的疑问。经过班级同学集体商定，处罚方案很快就出来了，抓获乱扔馒头者，责令其从地上捡起来，洗干净，一口气吞下去，并写千字反思。“好好，就这么办。”众人群情激奋，关键时刻，我走出幕后：“同学们，粮食是庄稼人汗水的结晶，轻忽一块小小的粮食，也就是对别人劳动价值的蔑视，俭则约，约则百善俱兴。”说完，众人陷入了沉思……

第二天，王某走马上任，为获取同学们支持，他果然痛改前非。到了第五天，班上小芳将没吃完的馒头随手一扔，被王某逮到。当场按照班规进行处理。“我真倒霉，下次绝不再成为班规条文的牺牲品。”小芳欲哭无泪，渐渐地，班级乱丢馒头的现象消失了。[①]

苏霍姆林斯基说过：“教师只应准备好建筑材料——砖瓦、钢筋、泥浆等等，而房子得由学生自己去造。”班主任如果能像魏书生老师那样，摒弃传统的“师道尊严”，适当放权，担当幕后的指导者与策划者，相信学生，依靠学生，让学生自主参与到班级管理中来，“人人有事做，人人都可有为”，那么建设一个优秀班级也就指日可待了。

当然，班级的民主自律必须有切合实际的班规支撑，有完备的监督机制、完善的信息反馈系统作保障。年轻班主任需要不断摸索总结，找到最适合的管理办法，这是成功的保障。

“一花独放不是春，百花齐放春满园。”促进全体发展，应该是我们每一位班主任的愿景。从潜能学生、特长生入手，实现班级共同发展，或许是班级快速步入正轨的捷径。

---

① 刘坚新、郑学志：《班主任工作的55个“鬼点子”》，中国轻工业出版社，2016年版，第160–162页。

第四章

做自己情绪的主人

教师的职责是教书育人，教学是教师主要的日常工作。教师每天不仅仅要面对很多教学任务，同时还扮演着很多社会角色。教学本来就是一项情绪性的活动，这就不可避免地让教师经历各种情绪体验，从而影响教师本身的工作和生活。

作为一名新入职的教师，能否以良好、健康的情绪带动学生健康成长，将对教育工作成败有决定性的作用。因此，教师很有必要认识情绪，了解影响情绪的因素，懂得情绪的作用，掌握情绪的调控方法。

第一节　教师情绪初识

情绪是个体对外界刺激主观的、有意识的体验和感受，具有心理和生理反应的特征。情绪是多种感觉、思想和行为综合产生的心理和生理状态。最普遍的情绪有喜、怒、哀、乐、惊、恐等，也有一些细腻、微妙的情绪，如嫉妒、惭愧、羞耻、自豪等。教师在教育教学过程中因受到社会、学校、家长、学生等方面的影响会产生各种各样的情绪。教师应学会正确认识情绪，调控好情绪。

一、教师情绪的内涵

情绪是多元的、复杂的、多变的综合事件。情绪构成理论认为，在情绪发生的时候，有五个基本元素必须在短时间内协调、同步地进行。教师情绪作为教师个体与教学环境互动产生的一种心理感受和状态，具有一定的复杂性与不确定性。但是教师情绪与人类共有的情绪具有共性：

第一，认知评估：注意到外界发生的事件（或人物），认知系统自动评估这件事的感情色彩，因而触发接下来的情绪反应。例如，看到心爱的宠物死亡，主人的认知系统把这件事评估为对自身有重要意义的负面事件。

第二，身体反应：情绪的生理构成，身体自动反应，使主体适应这一突发状况。例如，意识到死亡无法挽回，宠物的主人神经系统觉醒度降低，全身乏力，心跳频率变慢。

第三，感受：人们体验到的主观感情。例如，在宠物死亡后，主人的身体和心理产生一系列反应，主观意识察觉到这些变化，把这些反应统称为“悲伤”。

第四，表达：面部和声音变化表现出这个人的情绪，这是为了向周围的人传达情绪主体对一件事的看法和他的行动意向。例如，看到宠物死亡，主人紧皱眉头，嘴角向下，哭泣。对情绪的表达，既有人类共通的成分，也有各自独有的成分。

第五，行动的倾向：情绪会产生动机。例如，悲伤的时候希望找人倾诉，愤怒的时候会做一些平时不会做的事。①

教师情绪是针对内部和外部的重要事件所产生的突发反应，经常和心情、性格、脾气、目的、外部刺激等因素互相作用，同时也受到荷尔蒙和神经递质的影响。

教师情绪有正面的，也有负面的，但都会引发一定的行动动机。我们在教育教学过程中要充分发挥正面情绪的作用，抑制负面情绪的作用。

二、影响教师情绪的因素

教师情绪形成的原因很多。教师在工作环境中，联系群体大多数是学生、家长和同事，因此教师情绪主要受到学生、家长、同事、教学环境的影响。

◎ 教师情绪受学生方面的影响

我们常说教学是一个双向的动态过程，良好的师生关系需要师生之间互相影响、彼此成就。所以，在教学过程中，教师情绪有很大一部分是来自学生。学生的学习态度、学习成绩、课堂表现、作业情况等都在无形之中影响

① 丹尼尔·戈尔曼：《情商：为什么情商比智商更重要》，中信出版社，2010年版，第86页。

着教师的情绪。当然，这一过程具有两种情况：一类是积极的，另一类是消极的。比如，学生乖巧懂事，能够按时完成学习任务，平时在校表现好，没有违纪现象，对教师充满敬意。学生诸如此类对教师的认可与配合行为都会给教师教学带来轻松感与舒适感，教师情绪自然就会稳定平和，表现出欣慰、高兴、愉悦、自豪的积极情绪。相反，如果学生对教师的教学活动不理不睬，甚至出现对抗之态，教师会感到自己的教学遭遇了阻碍，肯定会有受挫感。更严重的是，教师面对这种情况肯定会采取一些措施来克服这些阻碍，其中难免会使用一些强势的语言或动作。在这一过程中，教师可能会产生激动、烦躁、沉闷、忧郁等一系列的负面情绪。

李老师任教五年级两个班的语文，这两个班的状况完全不一样。一个是全校公认的“模范班”，学习非常自觉自律；另一个是众所皆知的“老大难班”，纪律差，成绩差，卫生也差。两个班形成鲜明的对比。李老师在这两个班上课的感受，用她自己的话来说就是，“一个天堂、一个地狱”。她在“模范班”上课非常轻松，上完课后学生也乐于与她交流各种心得体会。她总能感受到来自学生的爱与尊重，也能够体会到教师的幸福感。可是，在另外一个班，她说总想着赶快下课，因为每节课那几个顽皮的学生总是扰乱教学秩序，干扰教学，迫使她有时候还得动用“教鞭”加以惩罚才能保证教学任务的完成。在这个班上完课，她经常是带着苦恼与失望走出教室的。

我们可以看到李老师不同的情绪感受来自不同的学生群体。所以，学生对教师所表现出来的行为，对教师情绪有很大的影响。

◎ 教师情绪受家长方面的影响

教师除了要完成规定的教学任务以外，还得与学生家长进行交流与沟通。随着信息时代的不断进步发展，人们的交流有了越来越多的便捷方式。家校之间可能就有家校通、班级微信群、班级 QQ 群等。面对家长琐碎的询问，教师的回答方式非常重要。和谐的家校沟通有助于为学生提供良好的学习与生活环境。但不和谐的声音也时常出现，耐心的教师、有经验的教师可得心应手地应对这些问题，但对于新教师而言，一时间肯定难以想出很好的方式来应对，尤其是有时一些无理由的质疑更是让人头疼。因此，教师不仅要承受教学压力，还得忍受家长不定时的蛮横交流。在这种不和谐的交流中，教师情绪或多或少地会受到一些负面影响，而这些情绪很有可能会发泄在学生身上。

杨老师是三年级甲班的班主任，刚刚参加工作，工作尽职尽责，对学生非常关爱。在开学之初，他建立了班级微信群，一方面，便于将学校的通知及时地告知家长；另一方面，便于将学生的学习情况反馈给家长。但是，他每天都需要留意群中的消息，并及时回复家长。有时一天要回复几十个疑问，时间加起来可能要一个小时。有一次，班上有一位学生在放学回家途中摔倒了，摔得并不严重。可是这位学生的家长在群里公然指责杨老师，说他没有进行安全教育，不关心学生等。面对家长无理由的攻击，杨老师苦不堪言，连续几天工作状态都不是很好。他认为自己的付出不仅没有得到认可，反而遭到质疑，感觉很失落。

杨老师兢兢业业的工作态度与精神本应得到赞许，可一次小小的意外换来的却是家长的指责与误解。被别人误会了，任谁都会感到委屈，教师也不例外。杨老师由此而产生的失落、沮丧的情绪也是情有可原，我们应该理解。

◎ 教师情绪受同事方面的影响

在这个交际频繁的社会，教师需要处理很多的人际关系。在学校，同事之间的交往就是一种非常重要的人际关系。工作中，融洽的同事关系，同事之间的协作、配合等，都可以提高教师的工作效率，加深同事间的友谊。可是，有时候很多事情并不会如我们设想的那么顺利，那么平和。同事间的相处偶然也会有摩擦，甚至是碰撞。紧张的同事关系会严重影响到教师情绪，会带来焦虑、悲伤、愤怒等负面情绪。

王老师是一所高中学校的青年教师。她回忆刚来到这所学校时，由于自己不善言辞，与同事们很少交流，慢慢地，她发现自己似乎被孤立起来。于是，她上完班后就把自己关在房间里，持续了有近一个月的时间，那时她的情绪非常沮丧、忧虑、低落。她想了很久，终于认识到自己的不足，是她一开始就隔断了与他人的交流才导致如今的状况。此后，她开始尝试着与同事们交流，主动打招呼问候，帮老教师解决一些信息技术问题。渐渐地，她便赢得同事的青睐，人也变得开朗，心情也舒畅了。每一天，她都用微笑迎接学生，开心快乐地工作。

同事关系是一种亲密的协作关系。作为新手教师，我们一定要学会处理这种关系。王老师的转变使她摆脱情绪的困扰，为她带来崭新的生活。这是一次成功的转化，情绪也在这样的转化中有了变化，如此神奇，如此微妙！

◎ 教师情绪受课堂方面的影响

课堂教学是教师日常教学活动的主阵地。教师课前的备课服务于课堂，课后的跟踪辅导依附于课堂，可以说，课堂教学就是整个教学过程的核心环节。所以，在日常教学过程中，教师对课堂可谓是倾注了大量的心血，自然也就对课堂有了较高的期望。但是，当课堂所呈现出来的状况与教师的设想不一样或相差甚远时，教师就会自我反思。长期下去，教师就会形成自我否定，对教学产生困惑与迷茫。这种情况是新手教师必然要经历的一个阶段。面对新课程理念的不断完善、发展，教师自身的素质无法跟进，得不到有效的培训，课堂教学的有效开展自然会受到阻碍。最怕的是，新手教师在受阻的境遇中慢慢失去对教学的信心与热情，最终导致对职业的冷漠。为此，新手教师可以适当降低对学生的要求，加强自己的专业素养来弥补这种落差感。事实上也是如此。一位教师只有当知识水平、专业素养、综合能力等远远高于课堂需要及学生需求时，课堂教学才能出效率。高质量的课堂教学是教师教学获得成就感、实现自我肯定的重要途径。因此，课堂教学对教师情绪有着重要的影响作用。

王秀清老师是一所中学的数学老师，工作两年了。今年，她新接手了初三毕业班。面对中考的升学压力，王老师可谓煞费苦心，课堂上争分夺秒，晚上几乎天天熬夜改作业、改试卷。可是两个月之后的一次期中检测，彻底击溃了她。即使她如此加班加点，她的班还是考了年级倒数第一。想想自己这两个月的努力，王老师一肚子苦水。学校领导了解情况后，安排了一位资深老教师对王老师的课堂进行监测。经过一星期的随堂听课，老教师对王老师的课堂结论是："好高骛远，忽略了学生的基础。"

王老师在课堂教学中对基础知识的讲解渗透没有到位，反而花了很多精力教学生难以接受或难度偏大的知识，这样就本末倒置了。这种情况持续越久，就越容易造成学生学习的困境，哪怕教师讲得再好，学生听不懂，都是无用功。教师也只能产生"竹篮打水一场空"的挫败感。

◎ 教师情绪受自身方面的影响

教师是高情绪工作者，这是由教师的职业特点和工作性质决定的。教师职业要求教师始终保持情绪稳定，精神饱满。教师每天都要面对学生、家长、同事、领导等各种不同角色的人，要和这些人都相处好是很难的。这不仅需要教师自由切换身份，还要有不同的交往艺术来满足日常交往的各种需求。一旦这种需求没有得到满足，教师就会显现出不平和、不平衡之态，心理情绪易于波动起伏，到难以抑制时，就需要宣泄出来。当然，一些心理素质、专业素养强的教师能够很好地处理这些关系，并始终保持乐观向上、愉悦的情绪。可是作为新手教师，要想做到全面兼顾、面面俱到几乎是不可能的，在工作中或多或少地会感知到不协调的声音，诱发出压抑、不安、烦闷的负面情绪。

教师不仅要在校教学，同时也有自己的个体生活。生活对于教师的情绪影响不言而喻。需要说明的是，新手教师往往会将这种情绪带入校园、课堂。这种不良的工作状态需要新手教师学会控制，调节好自己的情绪，区分场合与时机。

李老师是光明小学一位新进的特岗教师，来到学校工作一个月，她就崩溃了。因为语言不通，与学生及家长的沟通很不方便，加上一年级的学生非常顽皮，学校开学之初很多琐事需要处理安排，令这位新手教师非常头疼。每一天她都过得非常累，感觉自己一天不如一天有精力。有时候筋疲力尽地躺在床上，她从心里觉得教师这个职业太苦了，有点后悔当教师。

可是，一次小小的事件改变了她的想法。一次周末放假，李老师没有回家，班上一位学生的家长知道后，到学校来请李老师去家里吃饭。看到学生家长那么热情、淳朴地招呼她，让这位远在外地工作的李老师初次感受到来自学生及家长的关心。回到学校后，她想了整整一个晚上，回想着自己工作的这个月，一些美好的、快乐的画面渐渐在头脑中浮现。她终于明白了，累的是身体，但实际上她还是有很多收获。于是，她便在工作中不断寻找那些幸福的时刻。看到学生的笑容，听到领导对自己工作的肯定，她感到很欣慰、很满足，渐渐地，她开始享受教师这份工作带给她的乐趣。

李老师的故事告诉我们，教师工作是一项复杂的工程。看到这个庞大的工程，我们的心境态度决定了行动力与情绪。积极的态度可以帮助我们带着积极的情绪提升工作效率与质量，消极的态度只会让我们的消极情绪暴露无遗，更加难过，对事情不抱任何期望，对未来充满不确定。

三、教师情绪的作用

情绪是人的心理活动的重要表现。人的情绪在某种程度上反映了人对外界事物的态度。从这个意义上说，情绪是人的内心世界的“窗口”。情绪分为积极情绪、消极情绪。积极的情绪，可以增强人的体力和精力，提高个人的活动效率和能力，促使人健康成长；消极的情绪，会使人感到难受，抑制人的活动能力，降低人的自控能力和活动效率。

积极情绪是指个体由于内外刺激、事件满足个体需要而产生的伴有愉悦感受的情绪。它能够激活一般的行动倾向，对于认知具有启动和扩展效应，能够建设个体资源，撤销消极情绪产生的激活水平，促进组织绩效，对于个体的适应具有广泛的功能和意义。[①] 因此，有效培养教师的积极情绪，不仅对其个体生活、学习工作有促进作用，同时也关系到学生、学校教育的发展。

◎ 积极情绪有利于搭建信任的平台

1. 学生与教师之间的信任

我国古代第一本教育专著古训《学记》中讲道："亲其师，信其道。"教学过程中的师生关系，不应仅仅局限于知识的传递与接受，更重要的是情感的交流。成功的教学取决于多种因素，师生之间的相互信任是取得成功的基础条件。教师的情绪在教学中起到感染和鼓励的效果，对学生情绪具有渲染的作用。也就是说，教师要充分观察学生的心理需求，满足学生的预期与愿望，学生才会真正喜欢教师，喜欢教师的课堂。因此，师生要彼此默契配合，达成一种情感共识，如此方可造就和谐的师生关系，搭建起互相信任的平台。

2. 家长与教师之间的信任

教师与家长之间的关系是以学生与教师之间的关系为纽带的。因为平时教师与家长正面接触的时间和机会较少，家长主要是通过学生的论述，对教师形成感官认知。我们应主动与家长沟通，消除家长从孩子那里听到的对教师的抱怨。这样，教师才能得到应有的尊重，家长也能最大化明了事情的真相，如此一来，彼此之间就会形成一种微妙的默契，信任感自然就会培养起来。

3. 学校与教师之间的信任

教师与学校之间的信任主要是指教师与学校领导者之间的信任。教师与学校领导者之间所产生的情绪主要体现在教师对学校变革的态度、学校对教师的评价这两个方面。一旦教师对学校领导的变革表现出赞同与配合时，他们就会集中精力完成改革任务，并从中收获成就感。同样，学校领导对教师

---

① 郭小艳，王振宏：《积极情绪的概念、功能与意义》，《心理科学进展》，2007 年第 5 期，第 37 页。

的工作给予正面的认同与赞赏，充分认可教师的教学成就，会增加教师工作的乐趣与热情，并将长期保持一种高效的行动力。教师配合学校，学校肯定教师，学校与教师之间达成共识，有了一股积极向上的向心力，就会推动学校建设与发展，最终受益的一定是学生。

◎ 积极情绪有利于教师提升教学水平

1. 提升课前准备效果

教学准备是教学的第一环节。教师在进行教学准备时，如果情绪复杂、错乱交织，可想而知，肯定无法设计好一堂课的教学内容，精彩有效的课堂也一定不复存在。因此，上课之前，教师一定要认识自己的情绪，调整好心理状态，保持饱满的工作热情。只有当教师沉下心来，细细思考时，教师才能做好课前的准备工作，尤其是备课。

一般而言，教师钻研教材越深、越透，充分掌握学生的学情状况，才能设计出周全的教学方法与教学手段，教学才能具有新颖性。这一重要环节最考验教师的情绪，因为备课是一个比较枯燥无味的过程。教师不仅要一个人面对呆板的书本，与文本进行沟通交流，还要设想出学生面对这些新知识、新问题所表现出来的心理反应。这是一个巨大的心理活动工程。为此，教师需要在课前认识并调节好自己的情绪。积极的情绪可以使人保持良好的心态，乐观向上，铆足干劲儿。心理学家赫布说过：“当情绪唤醒达到最佳水平时，操作效率最高。”教师在课前积极备课，一定会增加教学设计亮点，提高课前准备效率。

2. 提高课堂教学效率

教育教学的核心阵地在课堂，教师在课堂上的表现直接决定教学效果。影响教学效果的因素除了教师的基本素质、专业素养之外，教师在课堂上呈现出的情绪也是十分重要的因素。

要使一堂课的氛围保持愉快、活跃的状态，师生都要有良好的心境。教与学都充满热情，课前情绪调控是前提，课中情绪调控是关键。尤其是教师课堂上的积极情绪，很大程度上决定着课堂的教学效果。对于学生来说，教师的积极情绪表明教师是非常喜欢、关心、愿意帮助他们的，因此会在轻松、愉悦的环境下认真并积极主动地学习，愿意配合教师完成教学任务，达成教学目标。对于教师来说，积极情绪可以帮助他们在课堂上更好地表现自己的教学能力，拓宽教学想法与活动，从而安排出更好的教学内容引导学生学习，实现教与学的双丰收。

值得一提的是，教师的积极情绪在课堂上有明显的标志。带着积极情绪走进课堂的教师，往往精神饱满，声音洪亮，思维活跃清晰，表情亲切自然，能够统领课堂，关注到每一位学生的学习状态。总而言之，教师全身心地投入教学活动，与学生是一体的，相互促进，相互成就。教师的积极情绪带来的正是这种高效率的教学活动。

教学是一项具有社会性与情感性的社会实践活动。教师在这个活动中充当极其重要的角色，尤其是作为课堂教学的组织者、参与者、引导者。教师的教学情绪、情感，直接作用于学生与课堂，影响课堂的教学效果以及学生的学习发展。因此，新手教师必须清楚准确地认识到自己的情绪，学会调控情绪，使自己对教学永葆热情与活力。

第二节　教师情绪调控

现代教育发展要求教师不仅仅是人类文化的传递者，也应当是学生心灵的塑造者与心理健康的维护者。作为一名教育工作者，能否以良好、健康的情绪带动学生健康成长，将对教育工作的成败有决定性的作用。教师只有学会控制与调节情绪，才能对工作充满热情，对生活充满自信，做事有效率，并通过自己的智慧取得一个又一个成功。此外，在掌控自己情绪的同时，也应学会调适他人的情绪，只有这样，才会在轻松的氛围中完成任务，在快乐的氛围中创造和谐。

一、教师不良情绪的危害

◎ 不良情绪对教师身心的影响

所谓不良情绪主要有两种：过度的情绪反应和持久的消极情绪。前者即情绪反应过于强烈，如狂喜、暴怒、悲痛欲绝等，也指情绪反应过于迟钝、无动于衷、冷漠无情。后者是指在引起忧、悲、恐、怒等情绪的因素消失之后，仍数日、数周甚至数月沉溺于消极状态。根据我国对教师调查的数据显示，教师中的一部分人有着程度不同的适应不良，甚至是心理障碍。教师中常见的焦虑、抑郁、冲动、神经衰弱等大多与持续的消极情绪密切相关。焦虑持续或频繁发生，导致身体全面衰弱，食欲减退，睡眠不良，过度疲劳，恐惧、紧张和无助感加剧，注意力涣散，记忆力减退，思想慌乱，无所适从，易产生极端念头，顾虑重重，灰心丧气。抑郁情绪的弥散和泛化，使当事人一叶障目，不见泰山，被绝望、痛苦笼罩而不能自拔。

◎ 不良情绪对课堂教学的影响

教师在教育过程中的地位注定了他不仅是学生学习的组织者，而且是学生成长路上的榜样和心理保健医生。因此，教师课堂上的负面情绪，对学生的影响是多方面的。

1. 易导致学生恐慌和压抑的心理

当教师以热情的语气肯定学生，用赞美的眼光激励学生时，学生的心情自然会舒展、轻松，心里充满幸福的喜悦和成就感；当教师一脸怒气，对学生横加指责、挖苦和嘲讽时，学生则会恐慌，处在压抑、恐惧、愤怒等负面情绪状态。长此以往，必然会对学生的心理健康造成损害。

2. 易导致教学目标偏离和效率低下

教师的负面情绪不仅影响学生的情绪与心境，而且也影响教学过程及师生的双边活动。课堂上，如果教师情绪低落，萎靡不振，课堂将死气沉沉，学生则昏昏欲睡。如果教师情绪激动，动不动就吹胡子瞪眼，斥责学生，不但使学生提心吊胆，不能全身心地投入学习，而且易使该课偏离教学目标。相反，如果教师情绪良好，就能营造良好的学习氛围，师生都能全身心地投入各个教学环节，从而提高教学质量。

3. 易导致师生之间的情感疏离与恶化

学生受到教师不良情绪的感染后，也会产生负面情绪，引起学习效率低下、对教师有意见等负面状况，从而导致师生之间的情感疏离。

教师应正确认识不良情绪对教师教育教学及自身专业发展的影响，调控好情绪，克服不良情绪在教育教学中产生的负面影响。

二、教师情绪的自我控制与调节的必要性

在教学实践中，我们常常会遇到这样的情况：自己费了好大功夫准备了一节精品课，然而，当你兴冲冲地走进教室时，却被一片打闹不止的混乱景象搅得兴致全无，这时你是高声训斥，还是巧作欢颜？

还有这种情况，教师在上面讲课，学生在下面说话，教室里闹哄哄的，几次严厉警告后，学生依然不能安静，似乎没有把教师放在眼里。一般情况下，许多教师对此都很恼火，甚至暴跳如雷……

一位英语教师因一名女生上课不认真听讲，便当着全班学生的面说："像你这样的姑娘不学习，没文化，长大了嫁都嫁不出去。"听到教师这样说，她羞愧极了，一下课就趴在桌子上哭起来……

如果教师一进教室就生气发火，板着脸，气急败坏地拍桌子，瞪眼睛，甚至歇斯底里地狂吼，课堂气氛就会骤然紧张起来，对学生的思维活动也会有负作用。更为严重的是，学生可能会产生逆反心理、对立的情绪和行为。

这样一来，学生学习的主动性和积极性大大降低。教师上课时的情绪也会一落千丈，影响正常授课。而且，人在气头上往往出言不当，不但会破坏教师形象，也会破坏师生感情，有时甚至还会造成无法弥补的情感隔阂。如果碰上个子较高又特别倔强的男生，可能还会与教师发生冲突，互相推搡，甚至动手打起来，到那个时候，场面就不好收拾了。

除教学之外，教师还可能因为职称评定、个人生活等压力产生负面情绪……

教师本身是文明的倡导者，如果用粗暴的方式维护个人的尊严肯定是不可取的。虽然喜、怒、哀、乐乃人之常情，但作为一个教师，应尽量避免在学生面前发火发威。课堂气氛常常被教师的情绪引导，学生的学习热情和注意力更与教师的情绪密切相关。教师心情愉悦，面带微笑，课堂气氛就会融洽、友好，学生也能愉悦地听讲。因此，教师情绪的自我控制和调节非常重要，这是衡量优秀教师的一项重要指标。

三、教师如何有效地控制和调节情绪

不能控制情绪的教师，不能成为好教师。对于学生来讲，教师的笑脸，就是世界上最美的蓝天。那么，教师如何对负面情绪进行自我调控呢？

◎ 注意认知调节

教师每天都在感受着紧张和压力，这些紧张和压力可能源于实际问题，也可能源于实际问题引发的情绪问题。

积极的认知就是在看到事物不利方面的同时，更能看到有利的方面。这种看待问题的方式，容易使人增强信心、情绪饱满。有些教师在看问题时容易"想不开"，情绪也陷入低落。其实，换一种看问题的角度，会使自己有完全不同的感受。所以，只有当我们面对压力和实际问题时拥有正确的认知，然后平息、解决好实际问题所引发的情绪，这样才能更好地解决实际问题，从而抑制不良情绪的进一步恶化。

李老师大学毕业后来到某高中任教，工作认真努力，课讲得很好，还担任班主任，可是连续五年评职称都没有他。第一次因为论文数量不够，第二次因为缺乏高级别的荣誉，第三次因为名额有限。于是，李老师认为自己是一个失败者，一事无成，将自己的优点和成绩全部抹杀，心灰意冷，萎靡不振，思想压力很大。

埃利斯的 ABC 理论认为：A 是诱发事件，B 是不合理的信念，C 是消极的情绪和行为。该理论认为，使人难过和痛苦的不是事件本身，而是对事件的不合理解释和评价。事件本身无所谓好坏，但当人们赋予它自己的偏好、欲望和评价时，便有可能产生各种无谓的烦恼和困扰。

人有正确的观念，他就可能愉快地生活，否则，错误的思想以及与现实不符的看法容易使人产生情绪困扰。

埃利斯总结了不合理信念的三个特点。

其一，绝对化，通常与必须、应该这类词联系。

其二，过分概括，一种以偏概全、不合理的思维方式，一无是处。

其三，糟糕至极，对事件的可能后果非常害怕，进行灾难性的预期。

上述案例中的李老师认为自己必须五年内评上职称（绝对化），没评上便将自己的优点和成绩全盘抹杀（过分概括），继而认为自己是一个失败者（糟糕至极）。

如果李老师调整自己的信念，改成“我真心希望自己可以在五年内评上职称”，没评上时依然要看到自己的优点和以前做出的成绩，并不把职称评定与自己一生的成败画等号。这样一来，所产生的情绪就没那么糟糕了，并且对未来充满希望，继续保持饱满的精神状态，说不定下一年就有希望评上职称。

◎ 合理宣泄情绪

不良情绪已经发生时，可以通过一些行为上的改变加以调控，这属于反应调节。也许这些行为是琐碎的，但却是获得良好情绪的有效途径。例如，参加文体活动时改变面部表情，对自己微笑；改变行走姿势，抬头挺胸，昂首阔步地进行肌肉放松训练；听听音乐，整理书桌或衣柜，让一切井井有条；散散步，做做深呼吸；计划一次远行；选择可以信赖的朋友或者亲人进行倾诉，有必要的时候可以找专业的心理咨询师倾诉。这些行为能宣泄情绪，或转移注意，或产生积极暗示。经常运用，能增强自我对情绪的调控能力。久而久之，它们就会成为个体的反应机制。

文老师是一个认真负责的班主任，工作十多年来一直兢兢业业，班级管理也非常得心应手。但近两年来，她发现现在的学生越来越难管理，脾气也越来越大。当她发现个别学生不努力，经过耐心教导后依然无动于衷时，内心非常失望和愤怒，觉得学生把自己的话当耳边风，自己这么辛苦，学生也不配合，于是体罚学生。一段时间后，文老师经常失眠，食欲不振，觉得工作越来越力不从心。

情绪宣泄法认为，没有意识到潜在的危险压力所产生的危害在身体中逐渐积累，量变到质变，就会产生“温水煮青蛙”的效应。我们要尽早意识到这一点，在危害还没有完全出现之前，就提前释放出来，避免一些不良影响。宣泄法就是自由表达受压抑的情绪，让积郁的情绪发泄出去，让人松弛下来，达到身心平衡、缓解压力的效果。

该案例中的文老师没有意识到自己所产生的负面情绪，也没有及时把这些负面情绪进行合理宣泄，逐渐在身体中积累，从而导致更加严重的情绪和心理问题，进而影响到她正常的工作。如果文老师能够在遇到这些不愉快的事情之后及时发觉自己产生了负面情绪，通过跑步或者听音乐，又或者是找同事倾诉，及时把这些负面情绪宣泄出去，也不会导致后来的失眠等更加严重的问题。

◎ 培养乐观、宽容的心态

教师在教育教学活动中表现出来的喜、怒、哀、乐、忧、惧等情绪，以及由这些情绪造成的心理氛围，必然会对教育教学效果以及学生的身心健康产生或积极或消极的影响。如果教师经常是一副愁眉苦脸的样子或发脾气，学生必然会感到压抑与沉闷。积极的心境来源于良好的品德或个性，如果教师热爱教育事业，热爱学生，胸怀开阔，兴趣广泛，为人友善，心态自然会平和。

大量事实表明，板着面孔的教师，学生是不喜欢的，甚至是讨厌的。在教育教学活动中，如果教师以微笑面对学生，学生就会感觉教师容易接近，很亲切。学生情绪高涨，敢想、敢说、敢做，并愉快地接受教师的引导。师生关系和谐，沟通良好，会收到意想不到的教育效果。大家都知道，“爱笑的教师人气高”。

记得看过一篇题为“心态”的短文，说是有位老太太坐船去伦敦探亲，当船全速前行之时，忽撞冰山。船上数千人大多惊慌失措，有人还跳海逃生。唯有老太太稳坐于其位，面无惧色，双手合一，如没事一般。所幸，船之缺口被堵，化险为夷。事后有人问及原因，老太太很平静地说：“我有两个女儿，大女儿两年前就过世了！我这次是专程去看我的二女儿的，若船失事，我便可以到天堂去看我的大女儿，有何可惧！”

多好的心态！学生是未成年的孩子，在成长过程中难免出错。可以说，人是在不断纠错中成长的。因此，学生的错误举止是自然而然的事情，教师不必大发雷霆，要怀抱一颗宽容和大度之心，多设身处地地为学生着想。角度不同，看问题的思路也不同，站在学生的角度，就会感受到他们所面临的成长的烦恼、学习的压力，从而也会对他们一些幼稚的想法、做法多一分理解，减少师生的矛盾与冲突，实现师生的和谐相处。

所谓宽容，就是宽大，有气量，不计较，能容纳。教师的教育在心理上从来不是单向流动。在这个流动过程中，教师的教育态度一经转化为学生的情感体验，学生对待教师的态度就会产生相应的改变。

一旦作为教育者的教师与受教育者的学生之间有了情感的沟通，学生就会信任教师，这就为接受教育打下基础。宽容能够在教育者与受教育者之间架起情感沟通的桥梁。法国文学大师维克多·雨果说过这样的一句话：“世界上最宽阔的是海洋，比海洋宽阔的是天空，比天空更宽阔的是人的胸怀。”当教师感到自己怒从心头起时，应多想想学生的可爱之处，善于发觉他们的闪光点，不歧视、不奚落后进生和有问题的学生。只要我们多一点宽容，以宽容之心对待学生的过错，收获的也许比想象的要更多。

我们来看一位班主任的自我反思：

那一年我带班去军训。一周的军训很快就结束了，会操那天，我心里竟也有些许的紧张，同时也看到了学生眼中的焦躁与不安。关于这次会操，我不知道在班里讲了多少次，对于会操的一等奖，我们更是期盼已久。就要去操场了，我把手伸给他们，他们迟疑了一下，但很快就把自己的手放到我的手上。看到那一双双稚嫩的手和那一双双充满自信的纯真眼睛，我的心里竟有一种难以言说的感动。可老天还是跟我们开了个不大不小的玩笑，我们班获得的是二等奖。宣布成绩的那一天，我感觉脑子里一片空白，甚至都不知道自己是怎么走进教室的。走进教室，看见那张奖状静静地躺在讲桌上，好像也在嘲笑我，我忽然失去理智，冲上前抓起它，一下子撕成两半。我一下一下地撕着，想起了离我几十里之外还发着烧的儿子，想起了这一周多来的早起晚眠，想起别的班都休息了，我还在让他们坚持操练。我再也控制不住自己，泪水终于流了出来。过了好久，我才稳定住自己的情绪，抬起头，发现学生们也哭了。他们可怜巴巴地看着我手中已化成碎片的奖状，眼睛里噙着泪水。我忽然心里有一种针刺般的疼痛和后悔，这张奖状虽然没有一等奖那么风光，可也是学生的汗水换来的呀！他们被太阳晒得黑黑的脸庞，被汗水浸湿的衣衫，被雨水打湿的头发，心理上承受的思亲之痛……这件事已经过去一段时间，我也反思了自己当时的行为，由于没有控制好情绪，为了宣泄自己在工作上的不如意，而忽视了学生的感受，而且在学生面前如此失态。我想，教师的宽容不仅表现在平时，更体现在关键的事情上。而这种宽容就是一种最有效的情绪控制。

这位班主任如果能够以良好的心态看待学生获得二等奖的事情，看到学生为得到此奖项背后所付出的努力，同时宽容学生没有达到自己设定的最高目标，并鼓励他们在今后的活动中追求更大的进步，那么学生也会感受到班主任给予的宽容，从而更加积极和努力。同时，该班主任也不会在学生面前如此失态。

◎ 尊重学生，巧做学生工作

教师要树立新型的学生观，把学生当作一个平等的主体来对待，尊重学生的人格尊严，彼此无高低、尊卑之分。学生有时完不成作业，回答不出问题，上课注意力不集中或做小动作，可能事出有因，不是故意为之。教师要从学生的角度来思考问题，体察学生，尊重学生，以讨论的形式，讲道理、摆事实，使学生心悦诚服地接受。在与学生的交流过程中，教师要怀着一颗真爱的心，态度要和蔼，语气要平和，尽量少用反问句，就如朋友之间进行交谈。

平时，学生做的一些事情确实令教师生气，有时还会造成僵局，这时最好先不要说话，可以做几次深呼吸，也许我们心中只是憋了一口气，呼出来可能就没事了；或者暂时离开现场，让自己冷静下来；教师也可以停止讲课，沉默几秒钟甚至几分钟，极其严肃地盯着那几个爱讲话的学生，达到一种“不寒而威”的效果；针对课堂上学生的违纪行为，要给学生解释的机会。有些教师常采用“发火”的方法，想以此让学生心生敬畏，加深印象，不要再犯同样的错误。事实证明，这样并不能收到很好的效果。如果大事小事都发火，学生习以为常，见怪不怪，教师发火就失去相应的价值。本来学生违纪后，大多数学生内心充满不安，如果你发火，就抵消了学生的不安，学生也就无所谓了。其实，最好的方法是在课堂上先给学生上课的机会，下课后到办公室让学生认真回答你三个问题：第一，你这样做的原因是什么？第二，你觉得这样做有什么危害？第三，你准备以后如何做？在学生认真反思后，让学生写好保证，并有技巧地做学生的思想工作。

心理学上有一种理论叫“近因效应”，它是指人与人交往过程中，往往最后一句话决定了整句话的调子。教师在批评学生时，应注意语句的顺序，尽量使它产生良好的“近因效应”。如果教师在批评学生时不注意这种“近因效应”，可能会使教师和学生建立的感情消失。“近因效应”告诉我们，怒斥学生之后，莫忘安慰。也就是说，批评过程中难免有情绪，但是结束语要妥帖，安慰几句，就能给学生留下一个好印象。例如，“也许我的话讲得重了点，但愿你能理解我的一番苦心”“很抱歉，刚才我太激动了，希望你能听进我的话，认真改正”，这类结束语使学生感到勉励之意，认为“这番批评虽然严厉了点，但是为了我好”。相反，命令式、惩罚式的结束语，如“听不听由你”“如果再犯绝不轻饶”，会给学生留下一个不好的印象，从而和你对抗，带来不好的情绪体验。

刚毕业的大学生于老师进入工作岗位后就担任了班主任的工作。因为年轻气盛，又想尽快在工作上做出成绩以获得学校的认可，因此，他无比细致地关注每一个学生的学习和生活，每次发现学生有问题时都牺牲自己的休息时间与学生谈话。但在谈话过程中，只要学生出现解释或者争论等行为，于老师总是会发怒，对学生进行批评，并大声训斥学生，甚至还通知家长过来一起教训。久而久之，班上的学生不仅没有表现得越来越好，反而都团结起来对抗于老师，甚至还联名向学校举报班主任专横、压制学生。

如果于老师能在尊重学生的基础上巧用“近因效应”，在批评学生的过程中注意场合，结束语妥帖，适当安慰几句，让学生能够理解教师的苦心和出发点，那么学生也会更容易接受教师的批评和建议，就不会对抗教师以及联名举报教师了。

所以，我们在做学生工作或者碰到学生扰乱课堂的情况时，一定要巧用方法，先缓解自己的愤怒情绪，然后在与学生沟通的过程中做到“先疏后导”，导完之后再说上几句安慰或者鼓励的话，效果就会事半功倍。反之，如果处理不当，就会白费功夫，还会使师生关系变得更加紧张。

◎ 驾驭课堂，学会幽默

教师要有驾驭课堂的能力，遇到突发事件能及时妥善处理，不乱发脾气。对学生课堂上的不良表现提出批评是必要的，但态度和策略很重要。首先，对于个别学生的走神、开小差、小声讲话等行为，可以通过注视、停顿或走到学生身边，引起个别学生的注意，暗示他：教师已经注意你了，请你改正。这样对整个课堂没有多大的影响。其次，对于个别学生在课堂上“休息”“做其他事”等行为，可以让他回答问题。这时候你对他提问，正常情况下他是回答不出来的，学生自然会停止自己的违纪行为。教师的目的达到了，也就不要与他计较了。

当然，也可以和他开个玩笑，不仅能缓解学生的对抗心理，也能有效调节课堂氛围。一个幽默的教师很受学生欢迎，他能有效地调节学生的状态，激发学生的学习积极性。恩格斯说过：“幽默是具有智慧、教养和道德上优越感的表现。”对教师而言，幽默是一种调节课堂气氛的手段。课堂上，教师可以幽默地把本应大发雷霆的事一句带过，使课堂气氛活跃起来，从而调动学生的积极性，拉近师生关系。但是，要让课堂教学充满幽默，教师一定要保持乐观、开朗的心境，即使面对课堂上走神的学生，也要保持平静的心态，不能过于暴躁。同时，教师平时要博览群书，只有广撷博采，才能信手拈来各种时事、典故，巧妙利用，点缀成幽默。

总之，在课堂上，要把握教学原则，不要因个别人的违纪而影响整个教学过程。教师要全面了解并亲近学生，让学生喜欢你，同时关注学生的心情、态度、习惯，让他们学会倾听，学会观察，学会尊重，学会欣赏，会助人，讲文明，懂礼貌。教师的职责是“教书育人”，比学习成绩更重要的东西，就是教师在第一节课中细心关注学生的精神世界，让他们的精神生命在每节课上都得以成长。

教师及时控制自己的情绪，不是轻而易举就能实现的。它需要教师不断提高个人修养，真正把学生看作独立的生命个体，用爱心、诚心和耐心对待每一个学生。教师必须学会控制情绪，并调动他人的情绪，理智地处理所面临的困难，只有这样，才能把命运掌握在自己手中。

第五章

走在专业发展的道路上

作为教师，走在专业发展的道路上，是一件很幸福的事情。如何走好、迈出矫健的步伐呢？教育阅读、教育写作、教育研究是教师专业提升的“一体三翼”。新教师需要把握“三翼”的本质和特征，明白探讨的意义和价值，掌握探索的路径和方法，树立教学反思和教育研究意识，做实“三翼”过程，形成教育阅读、写作、研究的习惯和风格，厚积专业提升的资源和经验，不断追求专业发展和个人成长的幸福。

第一节　崇尚教育阅读

教育阅读是教师为专业提升而进行的阅读。对于新教师来说，它是高校阅读的继续和相关阅读的选择。走在专业发展道路上的新教师，要立足教育教学实践，弄清教育阅读的意义，崇尚教育阅读，不断提升教育阅读的品位，构建、完善知识结构，以适应学生和事业的发展。

一、弄清教育阅读的意义

意义是人对自然或社会事物的认识，教育阅读的意义侧重于对教师阅读意向、意图、价值等方面的认识。教师既是人类文化科学知识的继承者和传播者，又是学生智力的开发者和个性的塑造者。教师的魅力在于，通过活化了的知识积淀，形成诸多的良好品质，包括个性、修养、风度、气质、幽默感和对人尊重的态度，以及对真理的追求与敬畏，影响和教育学生。弄清教育阅读的意义十分重要，它是对教师和教师职业认识的深化过程，也是维系教师阅读的动力所在。新教师可以从以下方面弄清教育阅读的意义。

◎ 教育阅读有利于完善专业行为

认识到这一点，对新教师很有帮助。教育作为人类的特殊劳动，是基于“主体—主体”关系框架中的交往实践。在这个过程中，教师面对的是活生生的人，每个人都有一个独特的心灵世界，心智水平、生活经验、思维方式、行为习惯等都各不相同，在学习和发展过程中，需求、接受能力等千差万别，使得这种关系框架中的交往实践变得复杂。作为新教师，已有的知识和经验是远远不够的，这时既要争取同行帮助，更要通过教育阅读，不断完善专业行为。

赵华敏老师入职时教小学四年级的语文。一天上语文课时，学生张亦明趴在课桌上睡着了。她走过去推了他一下，试图叫醒他。没想到，张亦明摔倒在地，脸上擦破皮流了血，引起同学大笑。这天晚上，赵老师失眠了，既觉得自己行为失范，又担心造成不良后果。第二天张亦明到校后，赵老师把他叫到办公室，询问情况，做了善后工作。这件事对赵老师产生了极大震撼，她感到自己教育理念和知识的局限性，决定通过读书寻找答案，向名师、专家学习。她阅读了《给教师的60条法律建议》《这样教学生才肯学：增强学习动机的150种策略》等书籍，从中受到很多启发。

通过读书，赵老师感到：如果把“推了他一下”改为“敲敲桌子、叫醒他”，不产生肢体接触，也不至于失眠；如果把“第二天”改为“下课后”做善后工作，也不至于失眠。

新教师，一次失眠并不可怕，可怕的是不能汲取教训。坏事变好事，失眠使赵老师产生震撼，读书使她改变自己，完善专业行为。通过阅读，赵老师不断获取教育原理、教育行为、课程背景的知识，改进实践，积累经验，使自己的专业行为日趋完善，使教育不断走向成功。

◎ 教育阅读有利于享受专业幸福

体悟到这一点，读书已经成为生活的一部分。教师对其职业大致有两种理解，一是理解为谋生手段，二是理解为生活本身。按照第一种理解，常会陷入主观需求与客观供给的悖论之中，而按照第二种理解，才能享受到专业成长的幸福。在职场中获得真正幸福的重要途径，就是专注地读书，把职业做成事业，做成生活本身。

受到启发的赵华敏老师从此走上阅读之路。不管多忙，她每天坚持一小时的读书学习。所读的书比较宽泛，既有教育理论类的书籍，如《儿童社会性发展指南：理论到实践》《求索的心灵：苏格拉底对话教育法的理论与实践》等，也有教师专业成长类的书籍，如《教育变革的新意义》《教育现场的专业学习》等。通过学习，她感受到教育阅读的意义，不但开阔了视野，学到了解决诸多棘手问题的方法，而且提高了工作实效。第三年，她被评为区县“优秀教师”，教学论文《如何激发儿童语文学习的兴趣》荣获市一等奖。

从失眠到有了成就感，赵老师享受到教育阅读带来的“红利”。广泛的阅读能够带给教师睿智的眼光和深沉的思想，引导教师去发现生命的真谛，参悟教育的意义，从容行走于美好的教育世界。

二、提升教育阅读的品位

品位，就是品质的档位。进行教育阅读时，受到的启迪越多，收益越大，品位就越高。真正优秀的教师具备三个板块的知识，那就是精深的专业知识、开阔的人文视野和深厚的教育理论。掌握阅读方法，知道怎样读书，十分重要，它升华了教师阅读的境界。新教师可以从以下方面提升教育阅读的品位，促进这三个板块的知识达到一定的深度与广度。

◎ 走出“三个误区”，建立正常阅读秩序

审视教师读书存在的问题，可以用“雾里看花”来形容。这种现象，概括起来大致分为三种情形：一是不知所以的“盲读”，即未曾认真反省和评估自己的学养基础，未曾清醒意识到自己知识结构中的优势所在和欠缺之处，选择书籍未从自身内需出发，未曾深思熟虑，而是追风逐潮，人读亦读，漫无边际，茫无目标。二是不能沉潜的“躁读”，即读书态度浮躁，功利之心明显，价值诉求变异，鲜有积淀底蕴之意，却有哗众取宠之心，鲜有

追求长效之规划，却有奢望速成之期待，兴起时猛读狂读，意冷时束之高阁，终究不能持之以恒，不能伴书远行。三是不求甚解的“浅读”，即读书方式多以泛读、浏览为主，浮光掠影，浅尝辄止，细读精读的甚少，好不容易遇到和读到难得的好书、佳作，也只是通读，将其提及的新颖理念、新鲜做法、新式话语等有意无意地议论一番，便再无下文。新教师最容易陷入这“三个误区”，而错过一次次成功、成长的机会。

与其他新教师类似，王菲走上教学工作岗位后，酝酿着要熟悉教材，上好课，还没有教育阅读的概念。三个月后，学校组织新进教师上“汇报课”。在教学设计时，她才想到要去参考学科课程标准。由于时间紧，她只能“躁读”“浅读”课程标准，仓促地设计“汇报课”。结果八节“汇报课”，两节合格、四节良好、两节优秀，评委给她的评价等级是“合格”。她感到很憋屈，担心学校领导会对她另眼相看。教研组长为她作出教学诊断，提供“汇报课”的评价标准，鼓励她消除顾虑，建议她认真阅读学科课程标准、《听王崧舟老师评课》等，从课程标准、评课的视角思考教学设计。她下定决心，安排每天不少于两小时的读书时间，买了两个笔记本做读书笔记，开始教育阅读。

由于临时“抱佛脚”，王老师尝到“躁读”“浅读”带来的苦果。好在她能够接受教研组长的建议，安排阅读时间，认真读书做笔记，踏上教育阅读之征程。教师读书若要读出味道，读出实效，读进心中，让书籍真正变成专业成长的能源，必须走出这“三个误区”，建立正常阅读秩序，谨防误入“雾里看花”的歧途。与学生学习一样，新教师读书的过程，既是学习知识的过程，也是探索阅读方法的过程，需要合理安排学习时间，解决“教”与“学”的矛盾；需要走出“三个误区”，建立正常阅读秩序，养成良好的阅读习惯。

◎ 实行“三个结合”，保障教育阅读质量

读书是一项个性化非常强的学习活动。受时间限制，很多教师明知读书

重要，就是不能坚持下来。其实，教师职业的特殊性，决定了其读书的特殊性。实行“三个结合”，可以化消极为积极，保障教育阅读质量。其一，读书与教学相结合，即通过读书，转变教育观念，提高教学能力；通过教学，发现问题，带着问题进行“研读”，真正做到读有所悟、悟有所用、用有所得，通过阅读接触更多的课外知识，深化更多的学科内容，解决更多的现实问题。其二，读书与反思相结合，即通过阅读，联系教学实际，发现问题，改进方法，提高教学语言、教育理解、教学反思等能力；通过反思，联系学习内容，更好地解决实践问题，实现读书的价值。其三，个人阅读与集中学习相结合，即通过个人阅读，获得对相关知识的个性化认识，发现、提出问题；通过集中学习，交流互动，分析、解决问题，争取教学名师、学科专家的帮助，纠正认知偏差，更新教育理念，提高学习质量。

行走在教育阅读路上的王菲老师，一边读书，按照选择的书籍认真读，做好读书笔记；一边教学，按照好课的评价标准设计教学流程，通过观看自己的授课视频反思教学效果。第二学期开学后，她带着阅读、教学中记录的问题，参加了“国培计划”线下集中培训。在与授课教师、教学名师的交流互动中，她不但解决了诸多问题，而且获得了更多的读书心得。

其实，王老师教学定位的基调没有错，问题出在她陷入教育阅读的“误区”。好在“汇报课”后，她接受教研组长的意见，走出阅读“误区”，初步实现读书的“三个结合”，保障教育阅读质量，获得更多读书心得。新教师需要明白一个道理：教师的读书不仅是学生阅读的前提，而且是整个教育的前提；需要掌握科学的读书方法，实行读书“三个结合”，把读书活动融入自己的教育教学工作，促进教学实践与理论的结合和反思，提高教学技能和师德修养。教师只有长期专注于自己的精神世界，精心阅读自己需要的书籍，才能提升自己的专业素质，升华自己的精神境界，形成结构良好的“学”与“教”的运行机制。

◎ 按照“六个要读”，把握教育阅读方向

读书是一项目标性非常强的学习活动。教师读书既要坚持专业导向，又要坚持问题导向，按照“六个要读”，把握教育阅读方向。

其一，教师要读“理论”之书，即教师读书不能局限于阅读各种教案、教参类的图书，也要读像《教师观察力培养》《师生沟通的艺术》等理论类的图书。其二，要读“经典”之书，即读古今中外的教育经典著作，在与孔子对话，与陶行知、杜威、叶圣陶商谈，与苏霍姆林斯基交流等一系列的思考、思辨活动中，汲取成长的力量，获得教育智慧。其三，要读“实践”之书，即不仅要阅读教育理论与教育经典书籍，还要学习优秀教师的教育经验，学习名师成长的经验。其四，要读“报刊”之书，即每年订阅与自己教育教学相关的一些报刊，及时阅读和了解教育综合信息，以及学科教学改革方面的具体信息。其五，要读“修养”之书，即读修身养性的书籍，坚定教书育人的意志，保持清静恬淡的心态。其六，要读学生之书，即读学生课本上的文章、要求学生阅读的课外书籍，与学生一起分享读书心得，走进学生的心灵。新教师要按照这“六个要读”，规划教育阅读，把握阅读方向，向“学高为师，身正为范”靠拢。

获得启示的王菲老师更加专注于读书。她每天规划两小时读书，白天一小时，晚上一小时，白天没有做到的晚上补，晚上没有做到的休息日补。围绕“六个要读”，她到学校图书馆去借书，通过新华书店、网购等途径买书。为了提高读书质量，她按照教育理论、课堂教学、班级工作、教学评价划分，分类做读书笔记；为了提升读书品位，她模仿名师教学案例，设计教育教学活动，将读书心得与教育教学实践结合起来。到第三年，她写下了近十万字的读书笔记，代表县区参加市教学竞赛，荣获一等奖，得到学校领导的高度认可。

王老师从“汇报课”合格等第中走出来，“潜入”书海，围绕“六个要读”选择读书，学以致用，不断提升阅读品位，取得了不错的成绩。读书的过程是美丽的，读书人的心灵是美丽的。新教师要做一名合格的人民教师，必须有厚实的文化作底蕴，用哲学的眼光来观察社会、认识自己，以文学的修养来丰富自己的心灵，美化自己的人生。书籍是人类进步的阶梯，广博的学识使人宁静致远，更是当代教育的需求。

◎ 参与“主题活动”，提升教育阅读品位

为了促进教师阅读，各学校都在组织主题读书活动。当前，“主题活动”有四种：第一，教师读书沙龙，这是由学校组织的读书交流活动。学校会固定时间，由学科组长或名师组织，从不同角度展示读书成果，交流近期重点阅读的一本书或一类书，分享读书心得，讨论解决问题，提供下一阶段阅读书目选项。第二，教师读书会，这是由县区或市教师培训机构组织的。读书会有章程，有明确的阅读计划和目标，有具体的读书时间和读书活动的交流方式，引领教师参与读书活动。第三，名师工作室读书活动，有学校、县区、省市各级名师工作室。这是由教学名师利用工作室平台组织开展的读书交流活动。第四，网络读书群体，这是教育现代化的产物。主持人通过QQ群、微信群，组织读书活动，即时交流，分享读书成果。新教师可以根据自己的阅读目标，选择性地参与主题活动，在活动中陶冶情操，坚定读书信念，提升教育阅读品位。

尝到读书甜头的王菲老师参加了市2017年教育家成长书院建设之“聚焦发展学生核心素养，着力促进教师专业提升”系列读书活动。此项主题读书活动是市级培训项目，参与活动的教师均纳入市级培训体系核算学分；市教培围绕主题，定期组织征文评奖和教师原创作品朗读大赛等活动，组织学员交流读书心得，邀请名师、专家讲学。王老师对专家的读书指导“先像小学生一样学习经典，再像朋友一样辩驳书中的观点，从而达到提升自己阅读能力和思维的目的”感受深刻，她更新学习理念，调整做读书笔记的方式，增加反思学习环节；更多争取参加上述读书主题活动，吸众家所长，提升教育阅读品位，走“读—教—写”专业发展的道路。第四年，她所撰写的教学论文发表在国家核心期刊上。

加强教师读书交流活动，可以加快教师的专业成长与发展，让教师享受到成长的幸福。王老师把读书活动与核算学分结合起来，与名师、名家对话结合起来，不断提升读书品位，行走在“读—教—写”的专业发展道路上，享受到专业成长的幸福。作为新教师，王老师可以做到，你也可以做到。有时，活动的意义不在活动本身，而在于参加活动的过程。读书可以一步步祛除遮蔽与狭隘，让我们遇见越来越好的自己。

第二节　坚持教育写作

“教育写作”的内涵是什么？从语义学上讲，教师在教育教学教研的过程中，对自己的实践活动进行反思，并且将反思的结果形成书面文字的写作活动，都可称为教育写作。根据写作的形式和内容，写作主要分为“教育日志”“教育叙事”“教育随笔”“教学反思”“教学案例”“教育教学论文”等。走在专业发展道路上的新教师，要认识到教育写作的价值，确立教育写作的内容，掌握教育写作的方法，不断实践，形成风格，促进自身的教育教学教研迈上新的台阶。

一、认识教育写作的价值

按照“主体性说”，价值是主体根据自己的需要自觉地、有意识地赋予客体的属性，反映了主体对客体的态度。要成为一位优秀的教师，应该养成良好的阅读习惯，但只有良好的阅读习惯而没有良好的写作习惯，教师的阅读品质会大打折扣。为什么要开展教育写作？可以从以下几方面提高认识。

◎ 教育写作有利于提升教师的阅读品质

一位教师有了好的写作习惯，就不会仅仅走马观花、浮光掠影地泛泛浏览。他会按照写作需要去欣赏、咀嚼、思索、摘录，用心琢磨作者要表达的主题，作品中蕴含了什么样的思想情感，采用了什么样的表达方式，布局谋篇和剪裁选材有什么独到之处。这种带着写作目的的阅读会更好地帮助写作，而写作也因此促进高品质的阅读。二者相辅相成，相得益彰。

在华东师范大学叶澜教授看来，一个教师写一辈子教案难以成为名师，但如果写三年反思，则有可能成为名师。

乍一看叶教授强调的仅仅是“教学反思”的重要性。其实不然，写作“教学反思”是把自己的课堂当作“读本”，带着写作目的去审视课堂，权衡得失，进行改进和改造，开展案例研究。教育写作有利于提升教师的阅读品质。当你带着写作目的去读书、上课时，这种体验会使你有更多的获得感。

◎ 坚持教育写作有助于教师积累教育教学经验，迅速成长

教师在教育教学的实际工作中，必然面对许多问题。如果盲目地追求“兵来将挡，水来土掩”，可能忙碌一整天却觉得毫无收获，一年到头都觉得每天在重复“昨天的故事”，陷入烦琐而不能自拔。

叶澜教授认为，如果一个教师仅仅满足于获得经验而不对经验进行深入的思考，即使是有 20 年的教学经验，也许只是一年工作的 20 次重复。除非善于从经验反思中汲取教训，否则就不可能有什么改进。

仔细琢磨，的确是这么回事，叶教授真是说到大家的心坎上了。教育写作有助于教师积累教育教学经验，迅速成长。当教师把解决教育教学实际问题的经验和教训写下来，深入思考，汲取教益时，教师就会用心观察生活，积累素材；当教师把记录下来的材料进行反思、整理、写作时，就会用心梳理线索，提炼观点，深化思想认识，提高思想水平，从而拥有教育智慧，面对突发事件时能及时找到解决问题的思路和方法。

◎ 教育写作有助于提高教师的口头表达能力

口头表达能力是指教师在课堂上讲述、讲解、讲读时，运用叙事、解释及阅读等形象化语言的能力。按照教育写作要求规范口头语言，教师的表达会逐渐准确、严谨，讲究遣词造句，注重选择恰当句式，擅长使用修辞手法，使自己的口头语言具有鲜明性和生动性等特点。

王艳老师是入职不到两年的语文教师，她热衷于教育写作，既写读书感言，又写教学反思、研训感想，口头表达能力提高较快。看她在讲授《周总理，你在哪里》时的导入："提到周总理，人们总会从心底激起对他深深的怀念和无限的崇敬之情。难忘的1976年1月8日，千山默哀，万水呜咽，敬爱的总理与世长辞了。人们以各种形式悼念他的逝世，缅怀他的丰功伟绩，尤其当人们想到总理对无产阶级革命事业忠心耿耿，兢兢业业，鞠躬尽瘁，死而后已，没有遗产，没有子女，没有坟墓，没有骨灰的时候，谁都会禁不住热泪盈眶。1976年1月，诗人柯岩怀着诚挚而深切的感情写下了《周总理，你在哪里》这首优美的抒情诗。"

深沉凝重的语言使学生首先感受到周总理崇高美、人格美的浸润，同时也使学生怀着对周总理崇敬的心情去体味诗篇的内容。王老师坚持教育写作，按照写作要求训练口头表达，争取口头语言做到准确、凝练、规范、完整。教育写作的过程，就是凝练语言的过程，写多了，鉴赏文章的眼光就厉害了，有了一定的鉴赏能力，就容易培养学生对文章的赏析能力。对于新教师，当你把培养学生的赏析能力和培养自己的写作能力结合起来时，就容易达到教学相长的目标。

◎ 教育写作有利于提高教师的成就感

北京师范大学肖川教授坚定地认为，能够写好文章的人一定能够上好课，理由就在于一篇文章和一节课好不好的标准非常类似。

1983年，步入高中语文教师岗位的蔡伟，真正的梦想是成为现当代文学研究者或者专业作家，而到中学任教，实在是听从命运的安排。1985年，他在《上海教育》上发表了第一篇"豆腐块"，加上自己指导的学生获得了华东六省一市作文比赛的一等奖，这让他备受鼓舞，顿时觉得找到努力的方向。以前，他一下课就觉得万事大吉。自从爱上写作之后，每天课后，他都要在大脑中回放一下自己的课堂情境，将所思所得记录下来，每周再汇总成一篇全面审视自己的“教后记”。稍微空闲时，他会选择有意义的教育事件或细节，进行润色，改写成一篇篇教育小故事。写作与教学的互相促进，使他步入成长的快车道，从普通教师成长为中学特级教师，现在已成为浙江师范大学的教授。

蔡教授的成长之路，生动地说明教育写作有利于提高教师的成就感。教师职业的幸福感，建立在安全感、归属感和成就感的基础上，是生命的一种内心体验，是物质和精神富有的内心体验。新教师需要不断获得这种内心体验，读书、写作都是精神上的富有。当一位教师能把自己的所思、所想、所见、所闻记下来的时候，当一位教师能把自己的每一点成绩和进步、每一次挫折和反思都记下来的时候，这位教师会因为自己的文字而定格，不断收获永恒、美好的内心体验。

二、确立教育写作的内容

教育写作的内容比较丰富，按照体裁分类，虽然标准不同，有重复之处，但下列几种体裁是最重要的。新教师要确立教育写作的内容，明确自己应该写什么，首先要把下列内容作为教育写作的重点。

◎ 教育反思

教育反思是指教师对自己的教育行为以及行为结果进行分析、阐释的过程，实质是一种用理论指导实践再由实践总结形成经验的过程，可反映一个人对他自身身心状况的认知。反思不仅是个人的思想需要，而且是一种高尚的精神活动，是精神产品的再生产。它包括引起思维的怀疑、困惑及心智上的困顿，还包括寻找、搜索和探索的活动，求得解决疑难、处理困惑的方法。

华东师范大学熊川武教授在《论反思性教学》中指出，教育反思通常是指教师借助行动研究，不断探究与解决自身和教学目的以及教学工具等方面的问题，将“学会教学”与“学会学习”统一起来，努力提升教学实践的合理性，使自己成为学者型教师的过程。

教育反思内涵相当丰富，按照熊教授的观点，就是不断探究与解决自身在教育教学中存在的问题。新教师可以反思自己的课堂教学行为，也可以反思课前的教学计划与课后的教学评价；可以反思自身教学行为，也可以反思学生学习行为，还可以反思、总结其他教师的教学行为。一般来讲，教育反思包括：记录教育教学过程中的优点；反思教育教学中的不足、失败之处；记录整理学生的创新思维；记录课堂中的突发事件及学生的问题和建议；课后重写“教学设计”。教育反思是对所有教学行动的回顾、分析、检讨和评价，重在“思”，要最大限度地拓展思路，找到问题所在，由具体的现象升华为普遍的经验。

◎ 教学案例

教学案例是教师在教学过程中，对教学的重点、难点、偶发事件、有意义的、典型的教学事例处理的过程、方法和具体教学行为与艺术的记叙，以及对该个案记录的剖析、反思、总结。案例不仅记叙教学行为，还记录伴随行为而产生的思想、情感及灵感，反映教师在教学活动中遇到的问题、矛盾、困惑，以及由此产生的想法、思路、对策等。它既有具体的情节、过程，又从教育理论、教学方法、教学艺术的高度进行归纳、总结，悟出其中的育人真谛，予人以启迪。

教学案例一般包括背景、主题、细节、结果、评析几部分。背景是指向读者交代清楚“故事”发生的时间、地点、人物、起因等，重点说明“故事”的发生是否有什么特别的原因和条件。主题是指案例要说明的某个问题，可以反映对某个新理念的认识、理解和实践，也可以说明教师角色如何转变，教的方式、学的方式怎样变化，还可以介绍对新教材重点、难点的把握和处理，每个案例要有一个鲜明的主题。细节是指确立好主题后，就需要对原始材料进行筛选，有针对性地选择最能反映主题的特定内容，把关键性的细节写清楚，特别注意提示人物的心理。结果是指案例不仅要说明教学思路，描述教学过程，还要交代教学结果，包括学生的反应和教师的感受等。评析是在记叙基础上的议论，表明对案例所反映的主题和内容的看法与分析，以进一步揭示事件的意义和价值。

可以说，教学案例就是一个具体教学情境，在叙述这个故事的同时，人们常常发表一些看法，即点评；一个好的案例，就是一个生动、真实的故事加上精彩的点评。抓住教学案例的“五部分”写作要领，所写的教学案例才会予人予己更多的启迪。学校教育教学中有许多典型事例和疑难问题，案例可以从不同角度反映教师在处理这些问题时的行为、态度和思想感情，提出解决问题的思路和方案。新教师需要结合自己的教育教学实际，积极撰写教学案例，从中悟出育人的真谛，促进专业成长。

◎ 教学论文

教学论文是教师教学经验和教学研究成果在写作上的表现形式，简单地说，就是教师将平时教学中的一些经验或研究进行总结，并运用教育理论进行分析和讨论而形成的文本。尽管教学论文没有固定的结构格式，但不同类型的教学论文有其基本要素和写作要求。

常见类型有：研讨型论文，是针对教育理论或教育实践中出现的问题或薄弱环节进行专题分析，提出自己的见解或解决方法的论文；经验型论文，是对自己在教育教学实践中获得的经验、体会，进行分析、概括、抽象、提炼，把感性认识上升到理性认识而写出的论文；述评型论文，包括综述性论文与评析性论文，是在归纳总结别人在某一学术问题或某一研究领域中已有研究成果的基础上，进一步加以分析、评析，进而发表自己的见解的一种论文；报告型论文，是指描述或阐述教育实践研究中某一固定程序的论文，主要有调查报告、经验总结报告、实验研究报告。

写作教学论文的过程，就是思考、研究、解决教育教学问题的过程。新教师不要把论文获奖、发表作为写作论文的主要目标，而要把论文写作定格为解决实际问题、提升理论修养的重要途径，探讨上述常见教学论文写作方法，突出当前教育教学的主要问题，不断提高教学论文的写作水平，促进教育理论与教学实践的融合。

三、掌握教育写作的方法

确立了写作内容，重要的是掌握写作方法，弄清不同类型的文章怎样写。在写作中体会写作方法，逐渐提升写作水平，从而形成自己的写作风格。

◎ 教学反思的写法

教学反思的形式多种多样，因情况不同，可归纳为以下几种。

第一，课后备课。课后教师根据教学中所获得的反馈信息进一步修改和完善教案，明确课堂教学改进的方向和措施，同时使有益的经验及时得到提炼和升华，不断增强教育效果。

第二，反思日记。一天的教育教学工作结束后，教师写下自己的感悟，总结成功的经验和引以为戒的教训，并与其他教师共同分析教育教学中存在的问题和缺点。

第三，课堂观摩。校内外教师之间相互观摩彼此的教育教学，详细描述所观察到的情境，并就有关问题进行讨论和分析，最后形成一种最佳解决方案，并应用于实际的教育教学中去。

第四，教学后记。教学结束后，教师对教育教学过程的设计和实施，结合教育教学过程的观察，进行全面的回顾和小结，将经验和教训记录在教案后，作为反思的一种基础、雏形和今后系统化反思的依据。

新教师需要重视教学反思的写法，并根据自己的实际情况，写好教学反思，积累系统化的反思材料和经验，使之成为个人专业提升的引擎。

◎ 教学案例的写法

要写好教学案例，对于新教师来说，首先，养成读书学习的习惯，提高理论素养。其次，有问题意识，对各种问题有敏感性。再次，勤于思考，当教师试图“发现”和“讲述”自己所遇到的某个教育问题或教育事件时，需要认真思考；当问题或事件发生后，教师又用什么方式方法解决这些问题，需要进行深入的思考；对问题或事件的解决过程，解决到什么程度，方式方法如何，总体效果如何等，需要进行深刻的反思。

好的案例必须包含一个典型的问题或问题情境，把注意力集中在一个中心论题上——突出一个主题，描述的是现实生活场景；讲述一个故事——必须有完整而生动的情节，能把事件发生的时间、地点、人物等按照一定的结构展示出来；同时，对事件的叙述和点评也是必要的组成部分，最好包含一些戏剧性的冲突。对于课堂教学案例来说，应该有学生围绕某一讨论的中心问题表达他们不同见解的波澜起伏的过程性教学冲突。案例需要针对面临的疑难问题提出解决办法——案例不能只是提出问题，必须提出解决问题的主要思路、具体措施，并包含解决问题的详细过程，这应该是案例写作的重点。

按照上述方法写作教学案例，多进行几次实践，就可以掌握写作要领。思考和反思是教育教学案例研究的灵魂，新教师通过教育教学案例研究中的思考和反思，不仅可以深刻地领会到先进的教育思想和理念，更新自己的教育教学观念，而且可以从根本上提高教育教学质量。

◎ 教育论文的写法

教育教学论文写作是教师必备的专业技能之一，是总结、发布和交流教育教学研究成果的重要形式，还是促进教师学习与研究的有力抓手。

写作时，论文题目要切合论文内容，表达论文的中心思想或核心问题；要精练，还要新颖。关键词是学术论文的文献检索标识，是表达论文主题概念的自然语言词汇；要标注关键词，以概括论文所涉及的一个乃至多个领域。对于论文正文，从论文内容上分析，事实根据、他人论述和自我论述一般是正文内容的重点。从结构组成上分析，正文一般包括引论、本论、结论三部分。论文正文的开头一般是引论，引论中主要介绍研究的背景和目的、方法和意义、历史和现状、进展和趋势等方面的内容。正论是论文最重要的部分，占据论文的最大篇幅。在正论中，作者不仅要提出自己的论点，还要枚举翔实的理论和实践论据，并通过自己充分而缜密的论述，证明或批驳引论中所提出的观点，以达到证实或证伪的写作目的。论文的结论部分应呈现通过研究工作和理论分析后得到的学术见解，应是论文对相关研究工作所作出的阶段性或终结性的推理判断，尤其是对论文当初观点和假设的总结性回应。结论部分的内容一般包括：研究的主要成果、得出的主要观点、对他人研究的重要修正和发展、研究还需解决的问题和可能的方向等。参考文献是学术论文的根系，是学术论文不可或缺的组成部分。标注参考文献不仅是对别人研究成果的一种尊重，也反映了自身研究工作的起点。

教学反思和教学案例是教育教学论文写作的源泉。新教师不但要通过教学反思和教学案例研究积累教学论文写作的素材、经验，而且要通过教学论文的写作续接、深化相关研究，不断锤炼写作方法，提升研究水平，促进专业成长。

第三节　修炼教研本领

教研是教育研究的简称，是教师的常规性工作。对新教师来说，它是一个新领域。因为它“常规”，所以需要形成良好习惯；因为它是新“领域”，所以需要建立新秩序。走在专业发展道路上的新教师，要立足教育教学实践，理解教研的含义，懂得教研的价值，修炼教研的本领，为专业成长夯实基础。

一、理解教育研究的含义

教研即教育研究，是总结教育经验、发现教育问题、研究教育方法的活动或过程。根据教研的发生地点，可以分为实地教研和网络教研；根据教研的指向目标，可以分为班级工作教研、教学教研、课题教研；根据教研组织主体，可以分为校本教研、校际教研和区域教研。集体备课和学科教研组活动，都是一种校本教研。理解教研是什么十分重要，它是有效开展教研活动的依据。教师可以从以下三方面理解教育研究的含义。

◎ 教研是教师拓展专业知识的途径

对教师概念的界定有多种，权威认定是《中华人民共和国教师法》：教师是履行教育教学职责的专业人员，承担教书育人、培养社会主义事业建设者和接班人、提高民族素质的使命。它有两重含义，既指一种社会角色，又指这一角色的担当。对于新教师来说，可能学科知识不是问题，但对教什么、怎样教以及班级管理等问题思考不多，更没有经验，即与履行教育教学职责还有较大差距。他们虽然有教师的称谓，但还不够专业，而教研是拓展教师专业知识的途径。

郑春老师入职当年，学校就安排她教二年级语文，并担任班主任。一天，班上两个男生打架，同学们把他俩送到办公室。郑老师了解情况后，批评了先动手打人的学生彭程，让他主动道歉。彭程的家长得知此事后，认为郑老师偏袒另一个学生，到学校找郑老师理论，无果，弄得不欢而散。郑老师真正感受到来自班主任工作方面的压力。但是，郑老师并没有气馁，一方面，她请教有经验的班主任，开展教研，听取他们的意见；另一方面，她了解彭程的家庭情况，开展调研，寻找解决问题的办法。彭程家庭条件十分优越，妈妈是银行职员，爸爸是机关干部，家里一儿一女，爷爷奶奶十分溺爱他，父母对他的教育简单、粗暴，父子之间缺乏交流、沟通。彭程性情十分暴躁，一点小事就暴跳如雷。在他再次与同学打架时，郑老师了解情况后主动联系家长，听取他们的处理意见。郑老师分析利弊，晓之以理，不但批评了彭程，而且责令他用自己的零用钱为被他打伤的同学疗伤。在家长的配合下，不到两个月，彭程改变了性格，再也没有与同学发生冲突。郑老师的工作也得到学生家长和学校领导的认可。

当班主任是教师的必修课。新教师尽管还不够专业，但是要像郑老师那样，通过教研途径，向有经验的教师请教，向书本学习，使自己专业起来。新教师需要理解教研的含义，进行经常性的“专业盘底”，缺什么就补什么，做好专业知识的拓展工作，提高教研意识。

◎ 教研是教师延伸个人钻研的方式

钻研多指独自对课程、教材、教法等实践问题的思考，是一种个体行为。而教研是钻研者之间成果传播、整合与提升的过程，是一种集体行为。重视程度、认识水平等原因，构成教研活动钻研水平的差异性，正是这种差异性形成开展教研的必要性。对于新教师来说，要勇于承认与其他教师钻研水平的差异，自觉地把每次教研当作延伸个人钻研的方式，作好教研前的准备，莫让不良思维惯性左右了自己的教研行为。

章明浩老师入职半年时，备课组长要他做下一周教学内容的主备教师，作好中心发言的准备。由于认识上的偏差，他没有作准备就仓促上阵，以致集体备课时说不出个一二三来，还出现知识性的错误，受到备课组长的批评。他意识到自己的问题，主动请缨，下周继续做主备教师。他认真钻研课程标准和教材，虚心向同仁请教。集体备课时，他不但作出一周的教学设计，而且阐述了这样安排的道理，得到备课组全体教师的认同。

承认差异，不是降低对自己的要求，而是为自己定好"位"，把自己放到学生、学习者的位置，认真对待，刻苦钻研。与学生的成长一样，教师的成长也需要一个过程。在这个过程中，认知上有偏差、出点错，都是正常现象，不必耿耿于怀。受到备课组长批评，心里肯定不好受，章老师的明智之举在于用行动证明自己知错、认错、改错，最终获得大家的认同。新教师需要理解教研的含义，不管是集体备课还是学科教研组活动，都要了解教研内容，把教研当作延伸个人钻研的方式，先自己钻研，获取活动经验，带着困惑或问题参加教研活动，提高教研的针对性。同时，大胆实践，敢于认错，勇于改错；怀着虚心学习的心态，发表观点，寻求帮助，在整合与提升过程中发展自己，树立教研品格，提升个人钻研水平。

◎ 教研是教师转化学科教学知识的过程

学科知识与学科教学知识不同。学科知识是被学科科学家发现、发明出来的知识，遵循学科发展自然规律，是学术形态的知识；而学科教学知识是按照学生认知规律改造后的学科知识，不一定遵循学科发展的自然规律，但遵循学生心理发展规律，是教学形态的知识。一般来说，新教师具有学科知识，缺少学科教学知识。教研是转化学科教学知识的过程，核心是促进学科学术形态知识向学科教学形态知识的转化、传播与利用，以便进入教学状态。

吴宏伟老师入职时，数学知识渊博，讲课语速快，一节课从头到尾，讲得天花乱坠，组内教师说他不能这样教，他还不服气。期中考试后，他发现所教班级成绩比平行班级低得多，铁的事实引发他进行反思。他主动找到相关教师认错，开展调研，分析错因，调整教学方法。结果在期末考试中，吴老师所教班级成绩反超三个平行班级，这让他重新找到教学自信。

学科教学形态知识，是理解教学、理解学科、理解学生的结果。教多少、教多难、教多快、怎样教等，不是想当然决定的，而是站在学生立场思考、调研的选择。不将学术形态知识转化为学科教学形态知识，学生很难接受和理解。吴老师凭经验教学，错误地认为自己理解数学知识就能教好数学，结果事与愿违。好在他能够及时醒悟，怕就怕碰壁后还不去反思。新教师需要在学科知识与学科教学知识中找到平衡，理解教研的含义，发挥教研的作用，关注教研组研讨课中授课教师在教什么、教多少、怎样教等方面的取舍，促进学科教学知识的转化、传播与利用，尽快建立学科教学模式。

二、懂得教育研究的价值

为什么各级教育行政部门都重视教研，并把教研作为学校年度考核的重要指标呢？在理解教研含义的基础上，还须进一步懂得教研的意义和价值。意义侧重于微观层面、个人的提升；按照“关系说”，价值侧重于宏观层面、团队的影响。对于新教师来说，需要着眼于团队提升，着重于个人发展，懂得教研的意义和价值。

◎ 教研有助于获得更多的帮助

认识到这一点，对新教师很有帮助。入职有先后，学业有专攻，教师钻研水平的差异性构成教研环境。进入一个集体，就是这个教研团队的一员，作为新教师，要及时融入教研团队，争取更多同事的帮助，自筑专业成长的台阶。

彭慧明老师是一位新教师，每次集体备课他都早到，打扫备课室的卫生，为同伴准备茶水；集体备课时，他主动说课，争取同仁的帮助。每次教研组活动，他都根据教研主题先进行钻研；教研组评课议课时，他主动做笔记，十分珍惜同伴的引领。他特别乐于参加各级教学竞赛，先自己研读课标、教材，设计教学，再多次“磨课”、听取组内教师和教学名师的意见，争取获得更多的帮助。通过一年的努力，彭老师在专业成长方面迈出可喜的第一步，参加县教学竞赛，荣获了第一名。

按照场境，教研团队可以划分为班主任、学科备课组、学科教研组、办公室、年级组等团队。这些单元可能有交叉，也可能有从属关系。一个教师可以同属于多个教研团队，担当多种角色。不管在哪个教研团队，都要勤快。勤快是彭老师认识教研意义、迈出专业成长第一步的关键。他的勤快，使同事看到他的敬业、友善，进而乐于接纳他；也使他获得更多同仁、教学名师帮助的机会。新教师可能知识经验比他人略逊一筹，但勤快可以胜他人一筹，多做力所能及的事，少发牢骚，争取更多同仁的帮助。时时都有教研团队，处处都是教研场境，只要你做教研的有心人，时刻都能获得有经验教师的帮助。

◎ 教研有助于解决棘手的问题

认识这一点，能够增强“现场感”。青年教师的优点是反应快，乐于接受新事物，而缺点是性子急，缺乏处理问题的经验。如何变缺点为优点，化被动为主动呢？增强现场感是不二选择。

李新建老师在入职两年的时间里，多次在课堂上与学生发生冲突。虽然问题移交到班主任处得到解决，但他自己觉得很不好，显得自己无能。他多次向有经验的教师求助，但都没有获得满意的答案。为解决这个问题，他向学校领导申请到高一年级去当班主任，从起始年级开始，探索解决问题的有效方法。有一次，他发现个性倔强的女生李文雅上课玩手机，他没有发火，也没有没收她的手机，而是叫她上黑板板书他正准备讲解的数学题。尽管李文雅7分钟都没有找到解题要领，但李老师却对她展示中的可取之处给予积极评价。放学后，李文雅感谢老师给了她自尊，主动承认错误，并把手机交给李老师代管。之前，李文雅上课玩手机被任课教师没收过，问题移交给当班主任的李老师，在家长的支持下才解决了问题。但李文雅非常反感老师把家长喊到学校来，以致上数学课有意玩手机。后来，李老师对她说："我知道，上次上课玩手机，你对老师的处理有意见，但我相信时间是医治心灵创伤的良药，更相信你的觉悟；现在你觉悟了，我连同上次的手机一起还给你，老师相信你不但自己会处理好手机事件带来的负面影响，而且会为老师支招，解决班上同学上课玩手机的问题。"后来，李文雅利用自己在同学中的影响力，在班级发动"禁手机"运动，号召同学不要把手机带到学校来，彻底解决班级学生上课玩手机的问题。

"现场感"是理论联系实际后的感受、心得，是一种教研体验或体验方式。调研预见，使李老师作出正确的选择，由转化矛盾到主动面对问题，由没收手机到退还手机。教师的工作"现场感"很强，不管是否愿意，他都要独当一面，单独处理问题。课堂上是这样，当班主任更是如此。处理恰当，问题得到有效解决；处理不当，容易激化矛盾，甚至产生严重后果。如果李老师发现李文雅上课玩手机后，点名批评，或直接上前没收手机，那么很难想象，年轻气盛的他和闹情绪的学生之间会发生什么。教育是与人打交道的事情，各种个性、爱好的学生组合在一起，很多事情难以预料。新教师需要了解学生，加强班级管理、组织教学等方面的教研，增强"现场感"，遇到难以处理的问题，可以推迟判断、延时处理，千万不要造成不好的后果。

◎ 教研有利于教师的专业成长

感受到这一点，才会发掘教研的发展价值。知识的应用过程，就是经验的改造过程。教研是不同水平钻研者的互动过程，也是知识经验的同化或顺应过程，通过重组教育教学方法和观念，促进教师专业成长。

肖明天是入职不久的青年教师，被推荐参加全县学科教学竞赛。他担心上不好给学校丢脸，有较重的思想包袱。教研组长非常理解他，为他鼓劲儿，让他研读课标和教材，先自己进行教学设计。在多次“磨课”过程中，全组教师各抒己见，针对教学设计、教学理念等发表意见，合力打造精品课堂。他从同仁那里获得信心和力量，整合意见，改进、更新并形成竞赛课的教学方案，一举获得县教学竞赛一等奖，受到学校的嘉奖。

“磨课”是最务实的教研过程。从自我设计到竞赛方案出台，从“磨课”到赛课，最受益的是肖老师自己。多少次思维碰撞，多少次思想交锋，沉淀下来的是方家所长，集体智慧。教学竞赛是难得的教研活动，是教师专业成长的重要平台。青年教师可塑性强，不要推辞，而要珍惜这样的学习机会；不要敷衍了事，而要用心发掘其发展价值，博方家所长，在实战中磨炼自己，努力超越自我。

三、修炼教育研究的本领

◎ 在反思中改造经验，修炼教研本领

没有反思的经验是狭隘的，至多只能成为肤浅的知识。如果教师仅满足于获得的经验而不对经验进行深入的思考，他的教学水平的发展将大受限制，甚至有所滑坡。而有反思的教师，则会取得成功。

徐小艳是新进青年教师。每天，她写教学反思，记录学生的独特想法和突出表现、自己有创意的做法和教学失误；周末，她挑选教学、班主任工作中的一个典型例子，描述发生、发展过程，记录反思后的心得，开展案例研究；月末，她反思一个月来的教育教学工作，精选反思材料，提炼加工，撰写教研论文，积极向报社、杂志社投稿；期末，她进行学习、反思笔记的整理，汲取成功的经验，摒弃不良的做法，在反思中提升经验。经过三年的努力，她的课堂教学获得长足进步，在省级和国家级专业杂志上发表三篇教研论文。

作为名词的经验，它是从已发生的事件中获取的知识；作为动词的经验，我们感兴趣的是如何获得经验。反思是对经验的过程、依据、结论保持持续的批判性的审视，目的是为了获得相对正确的经验，是获得成功经验的方法。徐老师把自己定位为一个学习者、探索者，采用一般教师容易做到又难以做到的反思方法，把教研理念落实到日常教育教学工作中，不断地提升实践经验，厚积职业发展正能量。新教师要虚心拜师学艺，学校指派了师父固然好，没有指派就自己定，虚心向师父学习；牢记“经验+反思＝成长”，从“尝试—失败—再尝试—更好地失败”中，在“知行互动”中修炼教研本领。

◎ 发挥“小鸟”效应，修炼教研本领

入冬后，蛙进入冬眠状态。立春后，小鸟在树枝上叽叽喳喳，蛙被唤醒，结束冬眠，跳入池塘，开始新的生活。这种现象叫作“小鸟”效应。它源于四川西部教育研究院陈大伟教授“教师幸福与专业成长”的主题报告。产生这种效应的条件是什么？一是“小鸟”的提醒，二是“蛙”在行动。

张争艳是新入职教师，在远离县城的农村中学教书，大有怀才不遇的感觉。入职第二年，她参加了“国培计划”网络研修学习，在线下集中研训中，有幸观摩到一堂高水平的研讨课，聆听到名师精彩的点评。回到学校后，她做的第一件事就是回放课堂视频、名师点评，进行第二次理解、加工，完成线下研修作业。结果，她的研修作业在2016年度省中小学教师“国培计划”优秀作业征集评比活动中荣获二等奖。她感受到研修带来的“红利”，于是珍惜研修、外出学习的机会，参加了省教育学会举办的“提升学科核心素养”主题研讨会。专家前瞻的教育理念、入微的案例分析，使她备受启发。结合教学实践，她写下入职后的第一篇研究论文，意外地被某编辑部采用，得以发表，更加坚定她做好教研的信心。她利用微信、QQ收集有关教育教学方面的信息；利用网络平台，系统地观看“一师一优课，一课一名师”活动的省部级优课，将这些融入自己的教学实践，改造课堂教学模式，所撰写的论文发表在国家级专业杂志上。不到三年，她就成了县里小有名气的好老师。

“小鸟”意味着什么？“小鸟”在哪里？从张老师的成长经历可以看到，“小鸟”意味着提醒，“研训”是“小鸟”，“国培计划”“省培计划”等网络研修与校本研修整合研训，不断提醒教师要终身学习；“小鸟”意味着引领，“专家”是“小鸟”，专家团队、讲座专家，前瞻的教育理念、丰富的教育案例，不断指引教研的方向。新教师应该像张老师那样，积极参加包括集体备课、教研组活动在内的研修活动，像陈教授所说的那样，让书本成“小鸟”——基于理论反思，让同事成“小鸟”——基于他人经验反思，让学生成“小鸟”——基于实际效果反思，把自己当“小鸟”——基于教师道德、教学勇气和批判精神反思，不断地拓展反思空间，发挥“小鸟”效应，修炼一双教研慧眼，为走上教育科研之路积聚力量。

◎ 立足课堂观察，修炼教研本领

课堂观察是科学观察法在教研中的一种重要应用，是研究者通过感知感官或借助一定的仪器设备，有目的、有计划地对处于自然状态下的课堂情境中的教育现象或行为等进行系统、连续的考察、记录、分析，从而获取第一手事实材料的研究方法。

为了探究呈现方式与教学效果的内在联系，徐小艳老师采用课堂观察开展案例研究。她以自己的课为研究对象，设置观课点：讲授呈现、板书呈现和媒体呈现，编制观察量表，设计教学环节，实施教学过程，进行课堂评测。课后，她回放课堂视频录像，用时间段呈现两个教学班各观课点数据，整理观察材料，分析得到结果，即讲授呈现：板书呈现：媒体呈现＝1:3:1，教学效果更好。

课堂观察是既实用又有效的教研方法，人人都可以用，关键是设置观课点，选择记录方法。当然，还可以按照时间分配、提问分类、片段预设、思辨活动等设置观课点，用次数编制观察量表。得到统计数据后，教研的意义和价值在于统计推断与学理分析，而这种分析依据一定的教育教学理论，徐老师的理论依据是建构主义理论。建构主义学习理论的基本内容可从“学习的含义”与“学习的方法”两个方面进行说明。在“学习的含义”方面，建构主义认为，知识不是通过教师传授得到的，而是学习者在一定的情境即社会文化背景下，借助他人（包括教师和学习伙伴）的帮助，利用必要的学习资料，通过意义建构的方式获得的。徐老师的研究结果与建构主义理论一脉相通：讲授呈现与媒体呈现，保留时间短，往往学生还没有来得及“意义建构”就切换到下一环节，教学效果会打折扣；板书呈现不同，无论是教师板书还是学生板书，都可以保留下来，给学生充分的思考、建构时间。但“尺有所短，寸有所长”，讲授呈现与媒体呈现不可或缺，否则不能激活板书呈现数据的信息，启发或拓展学生思维，弥补板书呈现的不足，也不利于激励或调节学生的学习行为，引导学生的学习情感、态度与价值观。

作为一种研究方法，课堂观察是将研究问题具体化为观察点，把课堂中的连续性事件拆解为一个个时间单元，把课堂中的复杂性情境拆解为一个个空间单元。研究者通过观察点对这一系列时间或空间单元进行定格、扫描、收集、描述与记录，而后再对所获得的详细信息进行反思、分析、概括、提炼和推广。常用的教育研究方法有调查研究法、行动研究法、实验研究法、叙事研究法等。作为新教师，不在乎掌握多少种研究方法，而在于熟悉基本的研究方法。通过课堂观察，学习相关教育理论，提高理论修养，把握观课议课要领，发现和提出有价值的问题，用一双慧眼看到更多的问题，在课堂观察中提高教研能力。

◎ 做微课题研究，修炼教研本领

微课题研究是微型课题研究的简称，是指把日常教育教学过程中遇到的问题，即时梳理、筛选和提炼，使之成为一个课题，并展开扎实的研究。研究的着眼点主要关注教育教学细节，研究内容是教育教学实践中碰到的真问题、实问题、小问题，是教师为解决一个具体的、较为微观的现实问题而建构和确立的小课题。

针对当前“学案”课堂存在的学生脱离课本学、教师脱离教材教的实际问题，徐小艳老师开展微课题“适用‘用教材教’学案编制的策略研究”的研究。她关注问题导学细节，激活课本背景、栏目、例题等材料，以及与之匹配的教学引导、问题变式、激励评价等策略，形成“学案导学”教学模式，所撰写的研究论文《用教材教，盘活立德树人一盘棋》在国家核心期刊上发表。

微课题的关键词是“微型”，“型”有成型的意思：一是问题要成型，问题是具体的小问题，但不是个别的、即时解决的问题，能由点到面，推而广之，成为某一类型的问题；二是结果要成型，微课题研究的成果可以用报告、论文的形式表达，还可以用教育叙事、随笔、案例等形式表达。徐老师的微课题，问题是成型的，脱离教材是“学案课堂”受到质疑的普遍问题，而她选择所教学科进行研究，缩小研究范围，形成成型的研究成果，发表了相关研究论文。微课题的中心词是“课题”。为什么不用“问题”而用“课题”呢？为的是强调它是相对于宏观、中观课题而言的一种课题研究的类型。研究中，不只是寻找问题的答案，还需要用到一些常用的课题研究方法，只是要求“微”，相对简单，不苛求方法自身的严密性，不强调研究的学术性、规范性，不一定需要教育科研机构的认定。它是一种平民化、草根化、大众化的研究样式，为新教师打开研究之门。

微课题研究以“小切口、短周期、重过程、有实效”为基本特征，是教研的延续，是修炼教研本领的实战演习。新教师要以“问题即课题、对策即研究、收获即成果”为基本理念，密切关注学科核心素养、立德树人、新课程改革等热点问题，化大为小，提炼微课题，更多地开展本真的微课题研究，打造教研眼光，更新教学理念，修炼教研机智，努力向课题研究、教育科研靠拢。

读书是教师专业成长的根本，写作是教师专业成长的核心，教研是教师专业成长的保障。走在专业发展道路上的新教师，要弄清教师阅读的意义，提升教师阅读的品位，努力建构“精深的专业知识、开阔的人文视野和深厚的教育理论功底”三个板块的知识结构。要认识教育写作的价值，明确教育写作内容，掌握教育写作方法，不断地把自己的所思、所想、所见、所闻记下来，积累系统化的反思和案例，使之成为专业提升的引擎。要理解教育研究的含义，懂得教育研究的价值，在教研中改造经验，发挥“小鸟”效应，修炼教育研究的本领。要建立“读—写—研”三位一体专业发展路径，提升“一体三翼”专业成长效能，运用教育理论指导教学实践，采用科研方法开展教改实践，修炼教育慧眼，凝练成长智慧，为后续发展构筑平台。

第六章

规划职业生涯

庄子云:“吾生也有涯，而知也无涯。”个人的职业规划，是个人对自己所拥有的主客观因素进行科学综合分析和测定之后，从而确定自己的奋斗目标并努力实现这一目标的方案。“凡事预则立，不预则废。”每个教师都希望自己的职业生涯能够少走弯路，多些成功。有效的教师职业生涯规划，能使我们心中有明确的奋斗目标，帮助我们理性地审视自己，提升自己，从根本上推动专业水平发展和教育教学素养的提升。

第一节 认识自我

认识自己，方能认识人生。老子说："知人者智，自知者明。胜人者有力，自胜者强。"可以说，教师职业生涯规划的首要步骤就是认识自我。

心理学家鲁夫特与英格汉提出的"乔哈里窗"模式，将人分为"开放我""盲目我""隐藏我""未知我"。"开放我"是指我们自己知道而别人也知道的部分。例如，我们的长相、身高、体重及某些属于公开性质的数据等。"盲目我"是指自己不知道而别人却知道的部分。例如，个人的口头禅或一些小动作或特定的做事方法，这是自己平常不自觉的，除非别人告诉你。"盲目我"的大小与个人自我观察、自我省察的能力有关，通常内省特质比较强的人，他的"盲目我"相对较小。"隐藏我"是指自己知道而别人不知道的部分。例如，许多童年往事、痛苦辛酸的经历、身体上的隐疾等。"未知我"是指自己不知道而别人也不知道的部分。例如，如果没有遇到相应的平台，可能从来也不知道自己会演说、口才一级棒；若没有当过管理干部，不知道原来自己领导统筹的能力还不错等。"乔哈里窗"概念的提出，是希望人们能清楚地掌握自己，并且透过自我省察、自我坦诚、他人反馈等方式，使"开放我"越来越大，其他三部分越来越小。①

身为一个新教师，进行职业生涯规划时，你不妨常常问自己这样的问题：

（1）为什么当老师？

① 杨丽：《墨菲定律》，北方妇女儿童出版社，2005年版，第368–372页。

（2）愿意当老师吗？

（3）想当一个什么样的老师？

（4）怎么才能当成这样的老师？

……

一、分析个人优势与不足

自我认识是理论与实践之间的对话，是教师专业发展和自我成长的核心因素。新教师进行职业生涯规划时，一定要理性分析自己的优势与不足。具体而言，应着重分析以下几个方面。

◎ 自身特点

新教师在分析自身特点时，可以从已具备的知识状况、能力水平和个性特征等进行分析，从而找到自己在这些方面的优缺点，扬长避短，充分发挥优势，为更好地开展教育教学工作创造条件。

株洲市第四中学的汪瀛老师，是全国著名的历史特级教师。他谈过因考虑自身特点而选择适合自己发展的从教之路。

在大学读书的时候，我曾面临留校在大学做教师与到中学做教师的选择。最终，我毅然放弃在大学任教的机会，选择到中学做一个普通历史教师。之所以这么选择，是因为我知道自己的英语水平有限，且存在难以克服的困难。留校做大学教师，将意味着做研究，少不了要阅读英语原著，这无疑会严重制约我的职业发展。参加工作之始，我先后担任过学校团总支书记和办公室主任等职，但终因“性格太直爽”而深感痛苦，最后选择辞职而只做一名“纯粹”的历史教师。在做中学历史教师的过程中，我一开始将自己的职业发展方向放在史学研究方面，并且发表了一些史学研究文章；但是后来发现，自己身处中学，因种种客观条件限制，难以继续深入发展。于是，我将自己的职业定位转到中学历史教育教学研究，从而取得较为丰硕的研究成果与教育教学成果。

他还谈到一个细节：每次接一个新的班级，第一件事情就是向学生道歉，说自己的普通话不好，请学生多多原谅。正是因为汪老师平等、亲切、幽默且博学多才，他的历史课才会深受学生喜欢。

从汪瀛老师的叙述中，我们可以看出，汪老师对自己的性格特点、知识与能力水平了解得非常透彻，知道自己的优点与不足，因而能在职业发展的不同阶段进行有效的选择，真正做到扬长避短，从而少走了弯路。而对自己的短板部分，他则采取了有效的补救措施，因而也取得了良好的效果，从而成长为一名在全国极具影响力的特级教师。

◎ 教学活动

新教师刚刚走上教学岗位，总会经历一个摸索的过程。怎样使自己迅速地成长起来？经常不断反思自己的教学活动，剖析其成败得失，并及时调整和完善自己的教学，就显得非常重要。例如，时常想一想自己的课堂教学，哪些环节是成功的，哪些环节还需要修正；组织教学活动时，哪些策略使用得当，取得了良好效果，哪些方法不妥，导致事倍功半。

参加工作仅一年的小张老师，在制定教师职业生涯规划时曾对自己以往的教学活动进行了如下分析。

参加工作一年来，谦虚好学，能自觉地理解并初步运用学校的“美雅课堂”的相关教育教学改革理念与方法开展教学活动。但自己也发现，在实际操作中仍然存在四个方面的问题：一是课堂导入部分，自己虽然创设了良好的情境，但上着上着就脱离了情境；二是自己所设计的教学活动，虽然已经得到教研组集体备课组的肯定与完善，但在实际操作中往往顾此失彼；三是在合作教学方面，小组建设已经完成，但课堂评价没有及时跟进，有些合作学习存在为“合作”而合作的嫌疑；四是在表达方面，学生的仪态与发音还需要进一步训练，要进一步挖掘教材中的语用点。

从小张老师对自我教学活动的整体分析中，我们不难看出，这位教师确实对学校“美雅课堂”的主要策略——“情境、体验、合作、表达”有较好的认识与理解，只是因为参加工作时间不长，所掌握的教学技巧还不娴熟，因此才导致“情境创设很好”，但上着上着“就忘记”或“顾此失彼”的现象。其实，她只要在这一基础上制定相关的改进措施，其课堂教学水平的提升指日可待。

二、把握职业适应性

职业适应性是指一个人从事某项工作时必须具备的生理、心理素质。它是在先天因素和后天环境相互作用的基础上形成与发展起来的。新教师进行职业适应性分析，要明确教师职业的素质是指教师在从事教育劳动过程中形成的比较稳定的道德观念、行为规范和道德品质的总和。它是调节教师与他人、教师与集体及社会相互关系的行为准则，是一定社会或阶级对教师职业行为的基本要求。其主要由教师职业理想、教师职业责任、教师职业态度、教师职业纪律、教师职业技能、教师职业良心、教师职业作风和教师职业荣誉八个因素构成。这些因素从不同方面反映出教师职业素质的特定本质和规律，互相配合，构成一个严谨的教师职业素质结构模式。

以教师职业理想为例，它是指人们对于未来教育工作类别的选择以及在教育工作上达到何种成就的向往和追求。教师职业理想是教师职业素质的重要组成部分，有了崇高的教师职业理想，才能产生遵守教师职业素质的行为。

朱永新先生在《新教育之梦》一书中这样描述理想的教师形象：

理想的教师，应该是一个胸怀理想、充满激情和诗意的教师；理想的教师，应该是一个自信、自强、不断挑战自我的教师；理想的教师，应该是一个善于合作、具有人格魅力的教师；理想的教师，应该是一个充满爱心、受学生尊敬的教师；理想的教师，应该是一个追求卓越、富有创新精神的教师；理想的教师，应该是一个勤于学习、不断充实自我的教师；理想的教师，应该是一个关注人类命运、具有社会责任感的教师；理想的教师，应该是一个坚韧、刚强、不向挫折弯腰的教师。①

由此，我们可以感受到教师这项职业的意义：教师将引导学生成为学校生活的创造者，课堂内外既洋溢着知识的传递、情感的交流，也充盈着心灵的互动，思想的碰撞，从而共享每一个平凡而珍贵的日子，共同倾听生命拔节成长的声音。

青年教师进行职业性分析，还要明白教师必须具备一定的专业知识、专业能力和专业精神。专业知识是指教师拥有的有利于开展有效教学的普通文化知识、教师任教学科的专业知识、帮助教师有效进行教育教学活动的知识及在实践中形成的个人经验的积累，以及对待和处理教育问题时表现的个人特征。专业能力包括教学组织能力、言语表达能力、教学设计能力、教学媒体能力、教学监控能力等。专业精神包括：专业理念，即对专业自身的认识（对教师职业的认识）；专业态度，即对教师职业所持有的基本态度，包括专业理想、专业情操等；专业道德，又称师德，是指教师在职业活动中处理人际关系时必须遵守的道德准则和职业操守。

具体实施过程中，青年教师一定要对自己所处的环境进行分析。不妨问自己几个问题：新课程改革给教师提出哪些挑战？我所在学校的办学理念适合我的发展吗？家庭给我的职业带来什么样的影响？

年轻的小何老师在制定规划前，曾对所处的教育大环境、学校的办学理念以及自己的状态作过如下分析：

当前，以发展学生核心素养为中心，借以推进教育改革与发展，已成为国际教育领域发展的重要趋势。我所在的学校为培育学生的核心素养，积极推进课程改革，一方面，推行“美雅课堂”，落实“以学生为主体，以教师为主导”；另一方面，星期五的下午开设基于学生兴趣与需求的“梦工场”

① 朱永新:《新教育之梦》，人民教育出版社，2004年版，第218页。

课程，全校实行走班制，学生到达指定地点参加学习，筑梦追梦。

过去两年，在平时工作中，我注意虚心学习，班级常规管理与教学能力在师父、办公室老师和学校领导的指导帮助下，取得了一定的进步。执教的公开课《和我们一样享受春天》运用“读写结合”策略，引导学生在朗读中感悟、理解，并尝试改编或仿写，让学生学得开心而有实效。这堂课不仅在区里展示，而且被选送到长沙交流，受到大家的好评。我也从中享受到成功的愉悦。

现在，我刚生完孩子，养育孩子肯定要花费、更多的时间与精力，但在工作上仍不能懈怠。28 岁的我要走的路还很长，必须在这最好的时光，不断地学习，用心地实践，积极地反思，成长为一位优秀的教师，同时，成长为一名更加称职的母亲，成为孩子的骄傲。

从小何老师的这段话中，我们可以看出：

首先，这是一位有爱的教师。爱生活，爱学生，爱学校，爱教育，一个心中充满阳光与温暖的教师，必定能给学生与身边的人带去更多的正能量。

其次，这是一位有智慧的教师。她善于学习与观察，对教育教学形势、学校办学理念都能进行整体把握，有大局意识，其间也不乏自己对教育的见解，因此能享受到“成功的愉悦”。

最后，这是一位有追求的教师，以积极的状态面对工作与生活。从字里行间可感受到，她在成为一名母亲之后的温柔与坚韧。我们相信，已经休完产假并且回到工作岗位的小何老师，必然会描绘更加美好的职业蓝图。

第二节 目标定位

教师职业生涯目标的确定，是个人理想的具体化和可操作化，是指可预想到的、有一定实现可能的长远目标。教师职业目标的选择并无定式可言，关键是要依据自身实际，适合自身发展。作为新教师，在确定自己的职业生涯发展目标时，要注意以下几个问题。

第一，符合自身特点。

只有从自身实际出发，有的放矢，才能马到成功。新教师要找出自己与众不同的地方并发扬光大，如擅长朗读，长于写作，能写一手漂亮的粉笔字，或信息技术能力强，这些都是教师最独特的“招牌”，要将这些优长或特点在教育教学工作中充分运用与展示，更好地服务于教育教学工作。总之，目标应建立在自身的特长、兴趣和优化之上。

陈老师是一名数学教师，他的表达能力并不强，但却是一名深受学生喜欢、教学质量非常高的教师，原因在于他的信息技术能力特别强。授课前，他制作出特别行之有效的课件；授课中，充分利用直观生动的教学课件，激发学生的学习兴趣，让学生看、想、议、练，既实出教学重点，又突破教学难点，从而收到事半功倍的效果。他经常说：“我的数学课，就是看一看、想一想、议一议、练一练，如此循环，老师不用讲很多，这既规避了我口头表达的不足，又有利于实现‘把课堂还给学生’的课改理念。”

从陈老师的成功经验中，我们可以得出这样的结论：一名优秀的教师，必须充分认识自我，明白自己的优劣势，并注意在实际教育教学过程中扬长避短，充分发挥自己的特长，形成教育教学亮点甚至特色，成为一名优秀的教师，实现自己的梦想。

第二，高低恰到好处。

新教师制定教师职业生涯规划，给自己确定的奋斗目标既不能过低，也不能过高。过低的教师职业生涯规划，有可能变成“走形式、做样子”，有可能在教育教学实践中不断“重复昨天的故事”，没有实际意义。当然，新教师的职业生涯规划目标不能定得过高，不能超过自己的能力范围。因为过高的职业生涯规划，会使自己深感力不从心，要么灰心丧气，要么提前出现职业倦怠，不利于自身的职业发展。

2015年2月，湖南省第九届特级教师评选结果揭晓，株洲市荷塘区36岁的袁灿英老师被评为特级教师。作为当时株洲市最年轻的特级教师，她在经验分享时这样说：“2007年年底，我只是一名教研主任，时任校长是刘影。刘影校长是著名的特级教师，她经常鼓励我：‘袁灿英，你是一棵好苗子，要争取成为一名特级教师。’说实话，尽管当时我个人也在教育教学上取得了一定的成绩，被评选为株洲市第四届市级语文学科带头人，但在刘校长和我谈话前，自己从来没有想到要争取成为一名‘特级教师’。但和刘校长谈话后，尤其是刘校长把参评特级教师的文件发给我时，一颗向上的种子就在我的心底渐渐萌芽与生长。或者说，正是在‘成为一名特级教师’的职业生涯目标的引领下，我在后来的工作中才没有出现所谓的‘高原现象’，而是一直保持不懈努力、向上求索的状态。”

从袁老师的分享中，我们可以看出，一个高低适当的目标对人的引领的重要性。目标是行动的导航灯，没有目标，我们就不会努力，因为不知道为什么要努力，就像大海中的航船，如果不知道靠岸码头在哪里，加速又有什么用？有了高低适度的职业目标，就能远离职业的疲惫与倦怠，一直保持良好的状态，合理地安排各项工作，从而产生持续的信心、热情与动力。

第三，及时调整完善。

教师职业生涯可以是多元的，不是一成不变的。教师一旦开启自己的职业生涯，可以根据自身发展需要或主客观条件的变化而及时调整和完善职业生涯规划，选择更适合自身职业发展需要的道路。既可选择教书育人的方向发展，也可选择教育教学研究的方向发展，还可选择教育行政管理的方向发展，或几者兼而有之。如果选择做教育教学一线教师，就必须不断修炼与强化自身的专业知识、教育教学技能；如果选择做教育教学研究者，就必须不断修炼与强化自身的教育教学理论、教育教学科研能力；如果选择做教育行政管理者，就必须不断修炼与强化自身的教育教学管理理论、领导才能、领导特质、管理艺术。不管教师选择哪一职业生涯发展路线，都必须在相应的道路上作出具体规划，设置相应目标，并不断为实现这些目标而努力。

现任株洲市教育科学院的副院长帅晓梅，1986年从株洲师范毕业，在小学任教十年，于1996年回到株洲师范担任教师，三年之后，担任株洲市小学语文教研员，后兼任办公室主任、副院长。

帅晓梅在《一个教师的行走记录》的博文中向大家介绍了自己的成长经历。她说，作为一名年轻的教师，“千万不要拒绝公开课，无数名师的成长经历证明，正是在无数堂公开课的打磨和历练中，他们一步步走向了日常课堂的厚实，甚至最终成就了人生的厚实”。后来，她担任株洲师范的讲师，任教小学语文教学法、教师口语和现代汉语三门课程。她在博文中写道:“这是一个重大的角色转变，无论是教学对象、培养目标，还是教学内容和方式都全然不同，我不得不以一个新手的姿态重新起跑。”再后来，她担任教研员、办公室主任、副院长。在专业上，她为全市的小学语文教师提供“全方位、高品质的教学服务”，引领株洲小学语文教研呈现出“风生水起，气象万千”的面貌。同时，担任行政工作的她，运用自己的统筹协调与管理能力，凭借执着与勤勉，出色地完成科室与分管的工作，实现完美的“四手联弹”。

帅晓梅从一名普通的小学教师成长为市级教研员、副院长、特级教师、正高级教师，全国小语会学术委员会委员，她用自己的经历演绎着这样一句话："一个人的高度并不重要，重要的是向上的姿态。"新教师在求索的过程中，也要不断地根据岗位需要，内省自我，调整自我，生成新的目标，并为了新的目标去努力，从而赢得实现自我价值的机会。

从教师职业发展方向看，教师的职业生涯目标大致分为教学、教研和管理三个方面。在教学方面，发展目标可以制定为教学技能的突破、教学方法的改良或创新、教学效果的提升等，甚至做一名优秀的、产生重大影响的名师。在教研方面，发展目标可以制定为通过阅读教育类书籍丰富教育理论知识，通过开展行动研究、案例研究、问题研究、课题研究等提高教育科研能力等，甚至做一名优秀、教研成果丰硕、影响深广的教研专家。在管理方面，发展目标可以是组织能力的锻炼与发展，做一名优秀的甚至影响力很大的班主任、年级组长、教导主任、校长等。

一、教学类目标

教学类目标不同于教学目标。教学目标是教学活动主体在具体教学活动中所要达到的预期学习效果。这里的主体更多的是指向学生，教学目标在指引教学方向、指导教学策略的选择与运用，以及教学结果的测量与评价、激励学生的学习等方面发挥着重要作用。教学类目标以教师为主体，是教师在教育教学实践中为更好地组织与开展教学活动、引领学生成长所需要的教学能力与综合素养。

有一名新教师在制定教学类目标时有如下表述：

（1）研读一套语文教材：以课程标准为指导，深入、系统地研读自己所执教的语文教材，为准确把握和使用小学语文教材奠定坚实基础。

（2）撰写一套高质量教案：在日常教学中，不仅要撰写教案，还要在教学中不断反思、修订和完善自己的教案。

（3）制作一套高质量课件：坚持制作出一套完整的小学语文教学课件，

并不断努力去完善，使之成为一套高质量的、具有自身特色的课件。

（4）策划一项特色活动：根据小学语文学科特点，积极参加学校“学科节”活动，积极策划一项具有小学语文特点、有一定新颖性的语文课外实践活动。

（5）打磨一堂好公开课：每个学期争取打磨出一节校级以上高水平的公开课，并积极参与学校教学实践、校本课程开发。

（6）争取一份优异成绩：实现多渠道育人，建立家校共育，不断提高本学科的教育教学质量，所执教的学科成绩应名列年级前茅，综合评价优良率达到80%。

应该说，这是一份不错且比较简明的教学类目标规划。这名新教师所制定的教学类目标，不仅关注自身教学能力和教学成绩的提高，而且还注意形成自己的教学特色。

二、教研类目标

教师在工作中要善于及时总结经验，并使之不断升华，达到一定的理论高度；要有意识地自觉运用教育理论，从大量的教育教学现象中研究探索出规律性的东西。教师只有具备一定的教育科学研究的能力，才能以先进的理论为指导，不断改进工作，充分发挥自己的才干，有所突破，有所创新。对新教师而言，教研类目标主要包括教学反思目标、课例研究目标、课题研究目标等。

◎ 教学反思目标

教师的教学能否跳出重复性劳动，成为一种创造性劳动，关键在于教师能否及时反思自己的教育教学行为及其结果。新教师的教学反思目标包括：（1）提升自己运用教育教学理论反思教学的能力；（2）养成良好的反思意识和行为习惯；（3）学会找准反思角度，提高反思水平；（4）坚持撰写反思日记。教学反思是否有效，能否在以后的教学中发挥应有的作用，关键之一就是把反思成果及时记录下来，为以后的教学提供借鉴，不断完善和提升自己的教学能力及其效果。

◎ 课例研究目标

教育教学课例研究是教师实现专业成长的重要途径之一。新教师课例研究的目标集中体现在提升自己观课、议课的能力，这是深入开展课例研究的重要基础。新教师要积极参加各项教研活动，一方面，认真观课，做好听课记录和评课；另一方面，认真倾听或阅读他人的评课内容，学习他人的经验。最主要的是，新教师一定要树立正确的评课观，提高四个方面的意识:（1）提高目标意识，即课例中的教学目标设置是否妥当，是否符合学生学情，是否突破了教材的重难点;（2）提高方法意识，即课堂教学实施过程中的教学方法是否有效，通过这些方法，学生是否能真正经历发现、探索的过程，并且有尽可能多的体验，从而生成真实的感悟;（3）提高效益意识，即课堂效果是否良好，全体学生是否都有不同程度的收获;（4）提高重构意识，即边听课边思考课堂教学方式是否有待改进，有没有更好的策略可以达到更好的效果。

◎ 课题研究目标

开展课题研究，撰写课题研究方案与结题报告，对一线教师而言，本身就是一项挑战。新教师正是年富力强的时候，在制定教研类目标时，首先，不要畏惧课题研究，要通过学习，厘清"课题研究"的概念；其次，在教育教学中有目的地追踪一两个问题，通过开展问题式探讨，并在专家的指导下，逐步完成选题，开启课题研究的道路；再次，在探索与实践中，不断提高自身的理论水平，并将理论知识运用到实践中去，从而提高研究能力，不断地收集与整理资料；最后，形成课题报告，转化并推广研究成果。参与甚至主持课题研究，是新教师专业成长有力的助推器，因此，新教师在制定教研类目标时，一定不能忽视这一点。

有的新教师在制定教研类目标时有这样的表述：

（1）一本学习笔记：阅读教育教学经典书籍，关注学科发展动态，夯实自身专业知识，为研究具体教学问题奠定坚实的理论基础。

（2）一组研究课例：积极反思自己的教学，参加观课、评课活动，撰写反思和研讨日志，并从中筛选出一些“小课题”开展研究，积累研究经验，提升课题研究能力。

（3）一个研究课题：在“小课题”研究的基础上，积极参与学校或学科组的课题研究。然后，待条件成熟后，申报自己的专项课题研究，争取取得较有成效的研究成果。

这名新教师的教研类目标告诉我们：制定的教研类目标必须具体、可行、有效。

三、管理类目标

这里的“管理类目标”，是指新教师在制定职业生涯规划时，给自己制定的在教育教学管理能力方面所要达成的目标。在教育管理方面，它主要包括不同层级教育管理能力、计划制订能力、组织动员能力、培养和使用骨干能力、组织指挥能力、总结评比能力等。在教学管理方面，它主要包括课堂教学组织能力、课堂偶发事件处理能力、学生行为与学习结果分析评价能力、同学科教师的协同合作能力等。

身为一名新教师，管理能力的提升是不可或缺的。如担任班主任，就是一项重要的教育管理。你如果做班主任，是否想成为一名优秀的班主任？是否想成为一名有特色的班主任？是否想成为一名影响巨大的班主任？怎样逐步成为一名优秀、有特色、有影响的班主任？这就是教师教育管理类目标的重要组成部分。

例如，一名新教师在自己的职业生涯规划中，制定了这样的管理类目标：

（1）努力在学习与实践中掌握教育规律，以“立德树人”理念为指导，促进学生全面发展。

（2）当好班主任，能够与学生、家长进行有效的交流，同时与任课教师保持密切沟通，了解学生思想状态，关注每个学生的全面发展，在班级管理工作中引导全体成员形成良好的班风学风。

（3）关注学生的兴趣爱好与特长发展，针对不同类型的学生设计不同的培养方案，为促进学生健康成长发挥引路人的作用。

再如，一位小学一年级班主任，在教师职业生涯规划中是这样表述其管理类目标的：

（1）提升营造良好班级文化的能力，引导学生爱学校、爱学习。

（2）坚持做好各项常规教育，引导学生守规矩、懂纪律。

（3）树立自己在学生中的威信，做一个“说到做到”的人。

（4）提升自己引导班级自治的能力，让学生成为班级的主人。

（5）提升自己与家长沟通的能力，成为家长的贴心朋友。

（6）拓展自己的健康爱好，为学生健康发展和终身发展树立榜样。

（7）争当“优秀班主任”，使自己管理的班级成为学校的优秀班级。

以上例子，虽然存在明显差异，但具体、可行、有追求，应是他们管理类目标的共同特点。

另外，新教师在撰写教师职业生涯规划时，一般不会直接写明“我想三年后成为教务主任”“五年以后，我要成为校长”这类的具体目标。但“不想当将军的士兵，不是好士兵”，对于有志于投入教育事业的年轻教师而言，可以在不断的观察与学习中，了解各个岗位必须具备的各项能力。例如年级组长，要有更强的亲和力和执行力。教导主任不仅是学校教育教学过程的管理者、监督者、实施者，还是联系校长和教师的纽带，在学校管理中起着至关重要的作用。再如校长岗位，首先要树立先进的管理理念，其次要培养良好的沟通能力，再次要提升课程领导力。校长不但要自己“充电”，还要激活、引导教师现代课程意识和主体意识，发挥他们课程开发主体者的作用。

教师生涯规划的目标定位除了从内容上分为教学类目标、教研类目标和管理类目标，还可以从时间上分为近期目标、中期目标和长期目标。教师在职业生涯发展的整个过程中，会遇到很多问题，有的是可以预知的，有些却是难以预料的。教师要想使其职业生涯规划行之有效，必须不断地审视内外环境的变化，并对职业生涯规划进行及时评估，加以修正与调整。

第三节　通道设计

规划制定好了，就像建高楼有了设计图纸，至于能不能建成美丽的大厦，还得看工匠们的努力。的确，写在纸上的东西，要把它变成现实，还有很多事要做。作为新教师，应该在诸多方面加以努力，才会有更大发展。

一、学习提升

新教师在大学里学了四年，对所学专业、教育学、心理学和教学法知识都有一定的掌握，但一旦走上讲台，就会觉得有些知识用不上，有些知识不够用，难免出现束手无策的情形。其实，这很正常。一是因为当今知识更新速度快，没有任何一种知识能一成不变；二是学生情况千差万别，出现的问题千姿百态，需要不同的知识去解决；三是教师职业要求高，俗话说“欲给学生一碗水，自己必须有一桶水”。

◎ 向书籍学习

教师的阅读，首先，应有自己职业的要求，学科方面的书籍不能少。每个学科都有自己的核心刊物，它们包含的内容是这个学科的前沿知识，我们不能不关注。其次，教育学、心理学、教学法方面的书籍要常读，这些让我们更好地认识学生和教学。另外，为了积淀文化底蕴，丰富知识，增强审美感受和对事情的鉴别能力，新教师还要多读些文艺、历史、哲学等方面的著作。

在学科高度融合的背景下，任何学科的教师单靠本专业的知识是无法胜任教师这一职业的。这里有一位年轻的小学语文教师的教学片段：

教学《恐龙》的第二自然段时，学生在教师的指导下概括了雷龙、梁龙、三角龙、剑龙的特征，突然有一位学生举手抢答："老师，我知道世界上最小的恐龙是蜥蜴。"面对这位学生猝不及防的半路发问，教师不知所措，一时接不上话来。而下面的学生倒是活跃起来，大家争论不休："不是的，最小的恐龙不是蜥蜴！""蜥蜴不是恐龙。"……一堂课就在这种争论中结束了。

这无疑是不成功的教学，原因有两方面：一是教师调控课堂的能力问题，二是教师知识欠缺的问题。试想，如果教师能第一时间告知学生蜥蜴不是恐龙，简单介绍恐龙与蜥蜴的异同，这堂课也不至于无休无止地纠缠。我们可以找诸多借口为自己的无知辩解，也会认为一位语文教师不懂生物与地理是可以原谅的，但一位知识渊博的教师总是受人崇拜，不是吗？好的教师应该是一个杂家。

◎ 向网络学习

发达的网络为我们的学习和工作提供了得天独厚的条件。很多教师特别是新教师都会从网络上下载教学设计、课件及视频资源，这确实为教学减少了不少负担。但必须清楚的是，网上资源丰富，但良莠不齐，即使是优秀的资源也不能照搬，毕竟是人家的设计，是人家教学思想的体现，或许我们还体会不了人家的精髓。对于网上资源，我们要学会"拿来"，先占有，然后挑选。

株洲市一中的刘跃平老师在参加市直属学校的教学督导工作时，遇到这样一件事情。

一位高一年级的年轻教师讲授"新闻短评"的写作（教师自行增加的内

容）时，课件打出的教学目标有如下几点：（1）了解新闻短评写作的基本要求；（2）能写作新闻短评。然后按以下程序进行：从示例中体会新闻短评的特点，分析新闻短评的结构，依次讲解开头、主体与结尾的写作，最后要学生当堂操练。

这位年轻教师使用的课件恰好就是刘老师曾在一次市高三教学研讨会上使用的。他当时还在为自己的课件有人欣赏而感到高兴，但听到后面就高兴不起来了，因为学生反应很慢，教师无法调动学生的积极性，最后学生写作时面有难色。

就这件事情，刘老师认为同样的案例，他上的时候效果非常好，而这位年轻教师上的时候效果差强人意，主要就是“照搬惹的祸”。这位年轻教师，一是没有分析学情，二是目标定得过高（刘老师是为高三学生复习用的，而高一学生只是在一个单元里学过新闻，新闻短评的内容还在选修教材中，学生之前从没涉及）。后来，刘老师建议这位教师如果把教学目标“能写新闻短评”改为“熟悉短评的写作模式”就会更贴近高一学生的实际情况。可见，拿来不是照搬，而是要甄别、修改，正如鲁迅先生所说：“我们要运用脑髓，放出眼光，自己来拿！”[①]

◎ 向同伴学习

同伴主要指同一学校的相同科目的教师，他们是我们朝夕相处的工作伙伴，其中不乏经验丰富、极富个性的教师。新教师要虚心向他们学习，多听听他们的课，听不同教师的同一内容的课，学习不同教师的优点，博采众长，这样会加快成长的步伐。

例如，年轻的宋老师在听了师父——特级教师刘老师的课后发出如此感叹：

对于《蜀道难》这样一篇想象绮丽的文章，刘老师的讲授紧紧抓住“蜀

---

① 鲁迅：《且介亭杂文》，人民文学出版社，1981年版，第128页。

道之难，难于上青天”这一情感主线展开课堂教学。轻松驾驭，引领全体学生游弋在奇伟的意境中，并联系延伸考点，由点及面拓宽知识，由课堂到考场，学习和考试相链接，教考结合轻松自然，让人由衷地敬佩和赞叹！

可以看出，宋老师认真聆听师父刘老师的语文课，一方面感受到师父教学时“由点及面、大开大合”的教学风采；另一方面也学习到如何轻松驾驭课堂，联系旧知构建知识体系等基本策略。另外，他在感叹师父的课堂精彩的同时，也深深感到自己的差距，联系自身教学对照分析，进步自然很快。

◎ 向名师学习

这里的“名师”主要指在一个较大范围内公认的师德高尚、教学水平高、教研能力强的同行或专家。在我们周边有很多这样的名师，他们或作讲座，或上示范课，我们要找准机会多听，以开阔眼界，弥补不足。

年轻的高中英语教师陈老师在参加市级名师工作室“学生核心素养与教育教学实践”研讨沙龙活动写下了如此感受：

我有幸代表第一组阐述了核心素养与学科素养关系的学习体会。就英语学科素养而言，我们认为主要包括“两能力”（语言能力＋学习能力）和“两品质”（文化品质＋思维品质）。具体到高中英语教学实践中，我们应该发展学生听、说、读、写、译五项技能，培养学生跨文化交际能力和全球意识，重视思维能力培养，尽量做到文本问题化、问题思维化、思维活动化。

新教师在发展过程中，理论的提升往往是一个瓶颈。理论提升，可以通过很多途径获得，但它们太抽象、太枯燥。不过，在名师的指点下，通过现场研讨与展示的方式来获得提升，就觉得容易得多，有趣得多，而且更有深度。案例中的陈老师就是受益者。由此可见，向名师学习，与名师同行，可以大大加快新教师的成长步伐。

二、实践锻炼

新教师只要好学，基本的教学方法与手段，最新的教育理念都是相对容易学会的，但理论要变成实际就不是一朝一夕的事。要知道，教学是对话，是教师与学生、学生与学生、师生与课本的多向对话。教师的意图要实现，依赖的条件很多，变量很多，教学设计是否最佳，必须经过课堂教学的检验。新教师要利用各种机会锻炼、提升自己。

◎ 校内研讨课

这类课是学校内部的研讨，不涉及评比，新教师不要害怕，应该主动接受，真实展示专业水准与教育教学能力。只有真实地展现自己，才会让同行发现自己存在的问题或不足，并针对自己存在的问题或不足展开讨论，在讨论与争鸣中求得共识，从而真正实现自己的进步与发展。

这是年轻的夏老师的肺腑之言：

学校组织的这次听评课活动，给我提供了一次很好的学习机会。我在讲文言词语“然而不王者，未之有也”中的“然而”时，说就翻译为表转折的连词“然而”，古今同义，学生也没有提出异议。之后，组里评课时，大家觉得讲解有误，应该理解为“这样却”，是古今异义，我这才发现确实讲解有误。这次研讨课让我认识到“咬文嚼字”的重要性。

从夏老师的感悟中可以看出，上研讨课重在“研讨”，既有课前的认真备课，课中的逐一实施，还有课后的“面对面”研讨。这样的研讨，会给新教师的成长带来巨大的“效益”，促进新教师进一步认真钻研教材，熟悉和选择合适的教学方法，并对课堂教学中暴露的问题予以高度重视，在后续教学实践中进行有针对性的改进。

◎ 教学竞赛课

教学竞赛课，有校内竞赛课和校外各级各类竞赛课。新教师一定注意争取和把握机会。从初赛开始，就要尽最大的努力，力争过关斩将，杀入决赛。但新教师特别是第一次参加教学竞赛的教师，不要过分看重获奖，应把主要精力放在磨砺自己和学习他人先进教育教学理念与方法上。赛前要充分磨课，不断征求指导教师或同仁意见，改进和完善自己的授课，不放过任何一个细节，在不断试验中选择最佳方案。参赛中，要聚精会神，虚心学习其他参赛者的优长，在充分展示自己能力的同时，尽力提升自己。

参加过省级教学比赛的年轻教师梁老师有这样一段赛课感想：

通过这次比赛，我更加深刻地认识到：水尝无华，相荡乃成涟漪；石本无火，相击而发灵光。这次的讲课比赛中，我获得了几份十分珍贵的“礼物”：第一份礼物是我们教研组的团队合作精神，大到授课环节的取舍、课堂主题的升华，小到一句导语的表述，一张幻灯片的顺序调整，同事们都给了我中肯的建议。第二份礼物是自我提高和锻炼，一次次的设计、试讲、研讨，一次次的推翻、再设计，大脑中整节的课堂实录清晰可见，最终定稿。从学案的设计、课件的制作到课堂教学，都是对自己的一次磨炼和提高。第三份礼物是认识到自身的不足，如从课堂教学发现自身的不足：不敢放开，怕耽误时间完不成学习任务。我相信，下次如果还有机会，不会让类似的错误再发生。

确实，参赛过程就是不断磨课、反复修改教学设计与打磨自己的过程。在这次参赛过程中，梁老师全面认识自己的优势与不足，对自己作了全面诊断，包括教态、教学用语、板书等平时不注意的细节。细节往往是成功的关键，在追求细节的同时，教师的教学理念、解读教材的能力、教学设计与执行水平必将得到全面提升。

◎ 其他能力比赛

其他能力比赛主要指能提升教师教育教学能力的比赛，如书法比赛、演讲比赛、辩论赛等。教育部门常有这类比赛，像株洲市教育局的教师书画作品比赛已经成了常态，“教坛新秀”评选每年都有，新教师要把握机会，用比赛逼一逼自己，力争使自己变得更优秀。

三、总结积累

新教师刚参加工作的几年，精力足，好学，做了很多事，但不少教师不注意总结积累，仅仅是做过了，不太能留下什么资料，也很少主动反思、总结与积淀，撰写论文时总是觉得缺少素材。因此，教师一定要养成总结积累的良好习惯。教师可积累如下方面的资料：

第一，教育资料。主要包括班会、后进生转化、教育案例、与学生谈话、与家长交流、与任课教师交流等资料。教师应将日常班级管理、教育教学体会、与学生的交流、教育教学案例、个案处理及时记录下来。

第二，教学资料。主要包括教学设计、课件、学案、视频等，以体现自己一段时期来的教学能力。

第三，教研资料。主要包括自己撰写的教育叙事、总结、反思与论文，还有参加各种校内外教研活动的心得体会，最好还有自己在教育教学中碰到的疑难问题（这一点对新教师来说非常重要，可以推进自己的研究课题，突破疑难问题，提高教育教学水平）。

第四，其他资料。如读书笔记、优秀资料转录等。

积累资料可以看到自己在一段时期的成果，在总结时就有对照，从而知道自己已经完成的任务、完成任务的程度以及还有多少任务没有完成，为规划调整提供依据。

这是一位年轻班主任在个人空间收藏的一篇教育叙事类文章（摘录）：

今天外出学习回来后，晚自习提前15分钟进教室，跟学生例行交流，然后告诉他们，今天在一个学校高一年级组跟他们的教师交流的时候，不知怎么一听到他们最好的班级只有一个“5B”生时，心里突然就很想念你们。我迫不及待地想回到你们的身边，告诉你们要自信，后面还有很多比你们基础差的学生，他们能成功，你们有什么理由不相信自己呢？把这些想法说出来以后，我又升华了一下：如果光有自信没有行动，就会变成自大。希望大家从现在开始，扎实学习，创造佳绩。

在这里，既有该教师当时情态的再现，更有对教育的思考，给学生上了一堂精彩的励志课。年轻教师若能坚持有事必录并分析，随着处理次数的增加，记录与分析的增多，抽象的教育理念就会转化为实际的教育行为。

积累是对以往的工作点滴加以收藏，看到自己走过的足迹；总结则是对一定时期内的工作加以分析和研究，肯定成绩，找出问题，得出经验教训，摸索事物发展规律，用于指导下一阶段工作。通过总结，零星、肤浅、表面的感性认识变成全面、系统、本质的理性认识，我们可以从中寻找工作和事物发展的规律，全面、系统地了解以往的工作情况，正确认识以往工作中的优缺点，明确下一步的工作方向。

老师们，你们渴望走向优秀，首先要学会规划自己的职业，然后咬定目标不放松，勤于学习，不断丰富知识，成为学之高者；不断实践，亮出自己的风格，练就自己的技能，成为教学能手；善于总结，将问题转化为思想，将经验上升为理论，成为教研的行家。制定科学而适合自己的职业规划，不懈努力，假以时日，你们的愿望一定能够实现。

后　记

教师队伍的质量与专业发展水平，从根本上决定了一所学校、一个地区的教育质量与教育发展水平。

应该说，在教育现代化的历史进程中，教师专业发展越来越受重视，教师培训经费也越来越充裕，受益的教师自然越来越多。但是，教师培训是不是越来越受欢迎？

至2019年，我从事专职教师培训工作已有16年。

这么多年的经验，可归结为一句话："把培训做到教师的心坎上，让广大教师认同、理解、接受培训对其专业发展的积极意义，实在不是一件容易的事。"究其原因，乃是长期以来教师培训的针对性与实效性不足所致。

提升教师培训成效，需要着眼于教师专业发展的长期性、实践性与综合性，改变教师培训实施活动化的做法，也需要克服教师培训课程碎片化的倾向，从而使教师培训与其教育教学实践过程融合起来，既锻炼工具、方法、策略的运用能力，又提升认识、观念、原则的思想水平，引导、帮助教师形成教育智慧、教学个性或风格。

于是，顺应时代变化潮流，总结教师专业发展经验，研究教师成长进步规律，创新教师培训的理念、形式、路径、方法等，成为我们最近几年工作的主要内容。2015年下半年，株洲市教师培训中心为总体谋划全市“十三五”时期教师培训工作，拟定并经由株洲市教育局颁布《关于实施教师素养提升“十百千万”工程的意见》（株教发〔2016〕4号），文件明确“实施十个教师发展支持计划”“培养百名学科领军教师”“培训千名优秀骨干教师”“建设万节优质课堂教学资源”等具体任务。道有因有循，有革有化。因而循之，与道神之；革而化之，与时宜之。其中，大力加强青年教师培养培训的“青年教师岗位成长援助计划”，便被列入“十个教师发展支持计划”之中。

青年教师寄托着教育事业的希望，是深化教育改革、促进教育发展的新生力量。

作为专业的教师培训机构，在这个平台上开展青年教师培养培训，应该区别于其所在学校，应该更系统、严谨与全面，也要努力做到让这个培养培训的过程，能为他们长期的专业发展明方向、指路子、打底子。

2016年起，我们组织株洲市教育局直属学校的新进青年教师，开展为期三年的滚动式培训。在三年的培训周期里，每月有集中培训活动，每年有通过培训经考核合格的学员结业，又有新的教师加入进来。目前，这个培训班人数已近200人。在理论指导和实践锻炼相结合的基础上，我们把青年教师培训项目做实、做细、做长，引导青年教师树立崇高的教育理想，开阔教育视野，端正教育思想，磨砺教育、教学功底，尽早实现从学生到教师的角色转换，更快更好地促进教师专业发展。同时，株洲市辖各县市区也广泛开展区域内新进青年教师的培训活动，为全市教育改革发展提供强有力的人才支撑。

几年来，我们的青年教师培养培训工作效果显著。在他们中间，有的教师参加全市青年教师教育教学比赛获评“教坛新秀”；有的教师教育教学成果获省、市级奖励；有的教师感慨，“在培训中，我们学到了很多，学会了怎样备课、上课、评课，学会了怎样管理班级，怎样和学生交流、相处，怎样和家长相处、沟通，怎样和同事们友好相处、相互学习等。那些曾经的困惑，在一次又一次精彩的讲座或示范中茅塞顿开，在一节又一节的培训课堂中拨云见雾”。

正是有了近年来新进青年教师培养培训的实践经验，由株洲市教师培训中心主任姜野军牵头，师德建设与名师工作科科长程检红负责，唐文芬老师具体组织实施，我们组织曾参与新进青年教师培养培训指导的市特级教师工作站召集人和“四名”工作室（名教师、名校长、名班主任、名教研员）、学科基地、义务教育阶段学科培训基地主持人为主的教师组成研究团队，自2018年1月开始，撰写新进青年教师培训教材《新教师的六堂必修课》。

本书共计六章，是分组协作而成的作品。在撰稿过程中，各组组长负责组内人事统筹、文字修改把关与文本定稿撰写，各组成员研究细化章节提纲，提供观点、案例，收集素材或起草初稿。第一章至第六章各组组成人员依次为：第一组组长张凌云，成员蔡建平、曾书华；第二组组长丁再玲，成员张葵、胡宇红、罗军、杨飞霞、唐佑平、王华、洪献珍、方兴；第三组组长傅琼和，成员张菊英、刘立红、王谦书、孙碧超、易楚舒；第四组组长石玉平，成员谭自云、刘艳；第五组组长阳志长，成员谭勇平、刘玟艳；第六组组长袁灿英，成员刘跃平等。他们是有着丰富教育教学经验的一线教师、管理者或教研员，不乏青年教师培养培训工作经历，其中部分教师为湖南省特级教师或正高级教师。可以说，本书是集我市“名优特”教师工作经验之大成。

本书从萌生编写创意、确定框架体例至完成全书撰稿的一年多时间里，我们召开组长或成员集体研究的会议达6次，广泛听取意见建议，敲定工作重点和细节，整个书稿前后历经7次修订。初期，我们聘请株洲市教师教育专家委员会成员中的黄国雄、汪瀛、龙洁、阮千峰、肖守志5位特级教师组成专家指导组，召开了2次会议，就方案、目录、框架、思路等征求意见。在如何提高教材可读性、体现株洲特色方面，专家们为我们提出了很好的建议。唐文芬老师在发布通知、组织会议、部署任务、收集资料、编印样稿、反馈意见等方面做了大量具体细致的工作。

整个书稿的撰写虽历经艰辛，但我们认为这是一件很有意义、很有价值的事儿。这既是对参与书稿研究、撰写的教师进行的一次高端培训，又是高质量的学术专业引领，同时也为“名优特”教师突破发展瓶颈、实现再成长搭建了新平台，开辟了新途径，更为我们中长期计划中的编写系列教师培训教材积累了宝贵经验。

本书既有关于教育、教师的政策理论阐述，又有教育教学典型案例剖析，更有教师情绪控制及调适、教师专业发展、职业生涯规划等新教师面临的一些突出问题的破解之道。希望它的出版，对青年教师个人成长和教师培训（发展）机构的工作开展有一定的学习借鉴价值。

诚然，我们深知，本书还有很多不足或问题，希望读者在阅读后直言不讳地指出来，我们将诚恳接受并努力修正完善。

值《新教师的六堂必修课》出版面世之际，衷心感谢参与研究、撰稿的所有教师，特别是各组组长做了大量卓有成效的工作，为青年教师培养培训工作提供了株洲方案。衷心感谢华东师范大学出版社“大夏书系”的任红瑚老师给予我们的指导和帮助。同时，对阅读本书并向我们提出宝贵意见或建议的广大读者致以诚挚的谢意！

程检红

2019年3月28日

于株洲市教师培训中心

图书在版编目（CIP）数据

新教师的六堂必修课 / 姜野军等著 . —上海：华东师范大学出版社，2019
ISBN 978 - 7 - 5675 - 9172 - 1

Ⅰ . ①新 ... Ⅱ . ①姜 ... Ⅲ . ①师资培养—研究 Ⅳ . ① G451.2

中国版本图书馆 CIP 数据核字（2019）第 114806 号

大夏书系 · 教师专业发展

新教师的六堂必修课

著　　者　姜野军　程检红　等
策划编辑　任红瑚
审读编辑　万丽丽
封面设计　百丰艺术

出版发行　华东师范大学出版社
社　　址　上海市中山北路 3663 号　邮编　200062
网　　址　www.ecnupress.com.cn
电　　话　021 - 60821666　行政传真　021 - 62572105
客服电话　021 - 62865537
邮购电话　021 - 62869887　地址　上海市中山北路 3663 号华东师范大学校内先锋路口
网　　店　http：//hdsdcbs.tmall.com

印 刷 者　北京密兴印刷有限公司
开　　本　700 × 1000　16 开
插　　页　1
印　　张　15
字　　数　222 千字
版　　次　2019 年 7 月第一版
印　　次　2019 年 7 月第一次
印　　数　6 000
书　　号　ISBN 978 - 7 - 5675 - 9172 - 1/G · 12071
定　　价　49.80 元

出 版 人　王　焰